供養には意味がある

~日本人が失いつつある大切なもの~

一条真也

まえがき

本書は、タイトルにもあるように「供養」についての本だが、「終活」のこともたくさん書いている。なぜかというと、日本初の終活専門誌である『終活読本ソナエ』（産経新聞出版社）に連載した原稿を収録しているからだ。季刊であった同誌は、二〇一三年夏（七月）号から二〇二一年春（三月）号まで全三六号が刊行された。超高齢化が進む国でありながら、「死」をタブーとする傾向の強い日本において、同誌の創刊は非常に画期的であり、その内容はすべて興味深いものばかりであった。くれぐれも休刊が惜しまれる。

その『終活読本ソナエ』で、わたしは「老福論」というコラムを二〇一四年秋（九月）号から二〇一八年夏（七月）号まで全一六回にわたって連載させていただいた。同時に、『WEBソナエ』でも、「一条真也のハートフル・ライフ」を二〇一五年一月一六日から二〇一六年五月三一日まで全三四回、さらにはWEB版『ソナエ安心のお墓探し』でも、「一条真也の供養論」を二〇一八年八月から二〇二一年九月にかけて全五〇回連載した。

本書には、それらの連載原稿がすべて収録されている。

終活について考えると、日本人の寿命はついに男女とも八〇歳代を迎えた。言うまでもなく、現代日本は超高齢社会である。いま、日本では年間一五八万人以上の人が亡くなり、二〇三〇年には一六〇万人を超すと言われている。超高齢社会は「多死社会」でもあるわけだ。多くの人々が死を意識しながら、延びた寿命を生きていくことになる。

そこで終活というわけだ。仏教は「生老病死」の苦悩を説いた。いま、「人生一〇〇年時代」とやらを迎え、「老」と「死」の間が永くなってきた。永くなった「老」の時間をいかに過ごすか、自分らしい時間を送るか——そのための活動が「終活」である。

というわけで、日本に空前の「終活ブーム」が訪れ、『終活読本ソナエ』も創刊された次第だが、わたしは、「終活」という言葉を嫌う人も多く存在することを知ってしまった。もともと「終活」という言葉は就職活動を意味する「就活」をもじっており、「終末活動」の略語だとされている。ならば、わたしも「終末」という言葉には違和感をおぼえてしまう。死は終わりなどではなく、「命には続きがある」と信じているからだ。そこで、わたしは「終末」の代わりに「修生」、「終活」の代わりに「修活」という言葉を提案している。「修生」とは文字通り、「人生を修める」という意味である。

また、供養について考えてみたい。わたしは、供養とはあの世とこの世に橋をかける、死者と生者のコミュニケーションであると考えている。そして、供養においては、まず死者に、現状を理解させることが必要だ。僧侶などの宗教者が「あなたは亡くなりましたよ」と死者に伝え、遺族をはじめとした生者が「わたしは元気ですから、心配しないで下さい。あなたのことは忘れませんよ」と死者に伝えることが供養の本質だと思う。

古代から、日本人は、人は死ぬとその霊は肉体から離れてあの世に逝くと考えていた。そして、亡くなった人の冥福を祈る追善や供養を営々と続けてきた。盆には仏壇に精進料理を供え、お寺の迎え鐘を撞《つ》いて精霊を迎え、精霊流しをして帰すといった先祖供養を行ってきた。夢幻能《むげんのう》もまさに此岸彼岸《しがんひがん》を往還する霊の話である。昔の日本人はみな、直観的に「人の死後の存続」を信じていたのかもしれない。そして「人の死後の存続」を信じる心が、今日のような盆などの風習を残しているわけだ。

日本人は、古来、先祖の霊によって守られることによって初めて幸福な生活を送ることができると考えていた。その先祖に対する感謝の気持ちが供養という形で表されたものの代表が「お盆」なのだ。一年に一度帰ってくるという先祖を迎えるために迎え火を燃やし、各家庭にある仏壇でおもてなしをしてから、再び送り火によってあの世に帰っていただこうという風習は、現在でも盛んに行われている。同じことは春秋の彼岸についても言えるが、この場合、先祖の霊が戻ってくるというよりも、先祖の霊が眠っていると信じられている墓地に出かけて行き、供花・供物・読経・焼香などによって供養する。

それでは、なぜこのような形で先祖を供養するかというと、もともと二つの相反する感情からはじまったと思われる。一つは死者の霊魂に対する恐怖であり、もう一つは死者に対する追慕である。やがて二つの感情が一つにまとまってゆく。死者の霊魂は、死後一定の期間を経過すると、この世におけるケガレが浄化され、「カミ」や「ホトケ」となって子孫を守ってくれるという祖霊になる。日本人の歴史の中で、神道の「先祖祭り」が仏教の「お盆」へと継承された。そこで、生きている自分たちを守ってくれる先祖を供養することは、感謝や報恩の表現と理解されてくるわけである。

しかし、個々の死者に対する葬式や法事の場合は、死霊に対する感謝や報恩といった意味よりも、追善・回向《えこう》・冥福といった意味のほうがはるかに強いと思われる。すなわち、死者のあの世での幸福を願う追善と、子孫である自分たちを守ってくれていることに対する感謝とにまとめられるのである。

どんな人間にも必ず先祖はいる。しかも、その数は無数といってもよいだろう。これら無数の先祖たちの血が、たとえそれがどんなに薄くなっていようとも、必ず子孫の一人である自分の血液の中に流れているのだ。「おかげさま」という言葉で示される日本人の感謝の感情の中には、自分という人間を自分であらしめてくれた直接的かつ間接的な原因のすべてが含まれている。そして、その中でも特に強く意識しているのが、自分という人間がこの世に生まれる原因となった「ご先祖さま」なのである。

盆行事に代表される供養は、仏教の僧侶によって執り行われる。「葬式は、要らない」とか「葬式消滅」などと言った人がいた。その人の言説の効果もあったのか、「葬式仏教」と呼ばれる日本仏教への批判の論調が盛り上がったこともある。しかしながら、これまでずっと日本仏教は日本人、それも一般庶民の宗教的欲求を満たしてきたことを忘れてはならない。そして、その宗教的欲求とは、自身の「死後の安心」であり、先祖をはじめとした「死者の供養」に尽きるだろう。「葬式仏教」は、一種のグリーフケアの文化装置だった。

「死」をインとすれば、「終活」はビフォアーであり、「供養」はアフターである。そして、いずれも人間の「幸福」と深く関わっている。本書は、新型コロナウイルスに代表されるパンデミック、気候変動、格差拡大、侵略と戦争といった混迷と分断の時代を生きる日本人の不安な「こころ」が少しでも安定することを願って世に問うものである。

『終活読本ソナエ』の創刊者であり、編集者であり、現在は産経新聞出版社専務取締役である赤堀正卓氏との絆によって本書は生まれた。自ら編集作業を引き受けて下さった同氏に心より感謝申し上げます。

二〇二三年三月七日　満月の夜に

一条真也

目次

第4章 忘れてはいけない供養の日

第5章 死とグリーフ

第6章「供養心」の源泉

第7章 あなたのことを忘れない

第1章
葬儀に迷う日本人

姿を変えつつある現代の葬儀。
しかし、変えていいものと、変えてはいけないものがあると思う。

「家族葬」の罪と罰

『週刊現代』が終活特集を組み、「家族葬の罪と罰」というテーマで、わたしも取材を受けた。わずらわしい人間関係を避けつつ、あまりおカネをかけたくない人たちが家族葬を選んでいるという。結局、家族葬の根本にあるのは、「なるべく労力をかけたくない」という本音だ。

しかし、わたしは「葬儀は、面倒だからこそ意味がある」と指摘し、「よくよく考えてみれば、人がひとりこの世からいなくなってしまうというのは大変なことです。骨になってしまえば、生の姿を見ることは二度とできない。取り返しがつかないからこそ、憂いは残さないほうがいい。億劫という気持ちはいったん脇において、関係のあった多くの人に声をかけ、故人と最期の挨拶を交わす場所を用意してあげるべきです。選択を誤れば、最期を迎える自分自身も無念が残るし、家族にも『罪と罰』という意識だけを抱かせてしまうことになる。一生の終わりに間違いを犯さぬよう、よくよく考えて『去り方』を決めなければならないのです」と述べた。

「家族葬」は当初、一般的には「密葬」と呼ばれていた。身内だけで葬儀を済ませ、友人・知人や仕事の関係者などには案内をしない。そんな葬儀が次第に「家族葬」と呼ばれるようになった。しかしながら、本来、ひとりの人間は家族や親族だけの所有物ではない。どんな人でも、多くの人々の「縁」によって支えられている社会的存在であることを忘れてはならない。「密葬」には「秘密葬儀」的なニュアンスがあり、できることなら避けたいといった風潮があった。それが、「家族葬」という言葉を得ると、なんとなく「家族だけで故人を見送るアットホームな葬儀」といったニュアンスに一変し、身内以外の人間が会葬する機会を一気に奪ってしまったのである。

また、昨今わたしたちが目にするようになった「直葬」に至っては、通夜も告別式も行わず、火葬場に直行する。これは、もはや「葬儀」ではなく、「葬法」というべきだ。そして、「直葬」などというもったいぶった言い方などせず、「火葬場葬」とか「遺体焼却」という呼び方のほうがふさわしいように思う。

すでにさまざまな関係性が薄れつつある世の中だが、家族葬をはじめとする密葬的な葬儀が進むと「無縁社会」が一層深刻化することは確実だ。それだけにとどまらず、家族葬で他人の死に接しないことが、他人の命を軽視することにつながり、末恐ろしいことにつながらなければ良いと思う。

（二〇二〇年一〇月）

家族が遺棄される社会

『東洋経済オンライン』で「引き取り手ない『お骨』が彷徨《さまよ》う家族遺棄の過酷～無縁仏と向き合う横須賀市職員が見た現実」という記事を読んだ。ノンフィクション作家の菅野久美子氏が書かれた『家族遺棄社会　～孤立、無縁、放置の果てに。』（角川新書）から一部抜粋・再編集している内容なのだが、非常に暗澹《あんたん》たる気分になり、考えさせられた。早速、菅野氏の著書もアマゾンで取り寄せ、一気に読んだ。

現代は、孤立・孤独者が一〇〇〇万人の時代である。孤立者は現役世代の男性に多く見られ、けっして人ごとではない。当該記事は、普通の人が突然陥る現実を丹念に取材し、一人ひとりの身の上に襲いかかろうとしている「家族遺棄社会」のリアルを紹介するとともに、そんな日本社会に懸命に向き合う人々の実態に迫る衝撃のノンフィクションである。菅野氏は、「一人で死ぬのは、決して美学ではない。大切なのはちょっとしたつながり」と訴える。

二〇一七年七月一六日付の「毎日新聞」によると、国の政令市で二〇一五年度に亡くなった人の約三〇人に一人が、引き取り手のない無縁仏として自治体に税金で弔われていたことが明らかになったという。全政令市で計約七四〇〇柱に上り、一〇年でほぼ倍増している。大阪市では、なんと九人に一人が無縁仏だった。背景には、死者の引き取りを拒む家族の増加や葬儀費を工面できない貧困層の拡大があるようだ。この調査では、都市部で高齢者の無縁化が進む実態が浮き彫りになった。

まさに、家族遺棄社会の成れの果てが引き取り手すらない「漂流遺骨」なのである。火葬を行う人が見つからない場合は、市区町村が火葬する。その後、自治体はそのお骨を引き取ってくれる遺族を探すのだが、その引き取りを拒否する遺族が増えている。引き取り手のないお骨は、通常業務をしている市役所の奥の倉庫にもあるという。

「無縁社会」が叫ばれ、ＮＨＫスペシャルで特集されたのが二〇一〇年。社会の無縁化はさらに進行しているようだ。哲学者ヘーゲルは、「家族とは弔う者である」と言った。わたしも、いくら面倒で大変でも、家族が亡くなったら、たとえどのようなかたちであっても葬儀をあげ、埋葬をし、供養するのが「人の道」だと考えている。

しかし、現実を見ると、どんどん事態は悪化している。このままでは、日本はどうなるのか。家族の縁を簡単に断ち切ってもいいのか。あなたが遺棄した家族は、未来のあなたの姿でもあることを知ってほしい。

（二〇二〇年一一月）

ご都合主義で「初七日」省略

『論語と冠婚葬祭』（現代書林）が発売された。中国哲学者で大阪大学名誉教授の加地伸行先生と小生の対談本で、「儒教と日本人」というサブタイトルがついている。加地先生は、わが国における儒教研究の第一人者である。

同書では結婚式や葬儀に親戚一統が集まるという家族（一族）主義がついこの間までの日本にあったことにも触れた。加地先生は、「お葬式のときは、遠くにいる親戚にも呼びかけるべきです。私の友人の話では、親戚が亡くなったので遠い郷里のお葬式に帰ったら、葬儀の日に、初七日も四十九日も行うという。葬儀と同じ日に、です」と述べておられる。次に会うのが大変だからという理由だからだ。最近では、常識化しつつある。

たしかに、葬儀と一緒に初七日、ともすれば四十九日の法要も済ませるのが一般的になっている。だが本来、「初七日」とは命日を含めて七日目の法要であり、以後、七日ごとに法要が営まれ、命日から数えて四九日目に「四十九日」の法要が営まれていた。

なぜ、七日ごとに法要が営まれたのか。それは、亡くなった人に対して閻魔《えんま》大王をはじめとする十王の裁きがあり、四九日目に死後に生まれ変わる先が決められるという信仰があったからだ。故人が地獄、餓鬼、畜生、修羅などの世界に堕《お》ちることなく、極楽浄土に行けることを祈って法要が行われた。「四十九日」の法要までが忌中で、神社への参拝や慶事への出席などは遠慮する習わしである。しかし、現代では親類も遠くに住んでおり、仕事などの都合もあって、七日ごとの法要が困難になってきた。四九日目に再度集まるのも大変だ。

葬儀の日に「四十九日」の法要まで済ませてしまうというのは、合理的な考え方かもしれない。でも、それは、伝統的に信じられてきた閻魔大王たちによる裁きのスケジュールを人間の都合に合わせてしまうことでもあり、トンデモないことではないだろうか。

それこそ実際の裁判での被告が、裁判長に対して「自分は忙しいので、一審、二審、三審を同じ日にやってくれませんか」と要求するのと同じである。こんな無法がまかり通っている時点で、すでに日本の仏教は破綻しているとの見方もあるようだ。加地先生は、「そんなご都合主義はだめです。面倒でも一周忌にお呼びする、三回忌にお呼びする、そういう努力があってこそ親戚が仲良くなっていく。家族といったつながりが消えてしまったら、これからの日本はどうなるのか。おそらく、単なる利己主義集団となってゆくことでしょう」と述べる。現代日本における供養の問題点として、よく考えるべきであろう。（二〇二一年七月）

宅地にお墓を建てる方法

少子高齢化、核家族化が進み、お墓の悩みを抱える人が増えている。

先祖のお墓を引っ越しする「墓じまい」、新たにお墓をつくる「墓じたく」など、お墓のかたちが多様化している。

『論語と冠婚葬祭』(現代書林)で、わたしは、わが国における儒教研究の第一人者である中国哲学者で大阪大学名誉教授の加地伸行先生と対談させていただいた。「儒教と日本人」というサブタイトルを持つ同書で、加地先生は、「お墓の問題は簡単に解決できます。もし、土地付きの家をもっていたら、その敷地内に、自分の亡き親族のお墓を建ててしまえばいいのです。しかし法律が禁じている、と思われるかもしれません。地目が墓地でなければ埋葬してはいけないことになっているからです。では、敷地の一角を墓地に地目変更しようと思っても、時間が掛かります。しかしその必要はないんです」と語られた。

例えば、石碑に「加地家之墓」と書いた瞬間に、墓地関係の法律に全部引っかかってしまう。ところが、「加地家記念(あるいは祈念)碑」としたら、全然関係ないという。誰も文句は言えない。黙っていれば、そこに遺骨を納めてまったく構わないという。お骨が家の中にあるか、外の碑の下にあるかの違いだけであるというのだ。

加地先生は、「地目は宅地のままです。自宅がマンションだったら、マンション入居者で話しあって一角に記念碑を建てればすむことです。いかがでしょうか」とも言われた。なるほど、これならお墓問題は解決だ。

お墓と並んで、祖先とのコミュニケーション・ツールとして仏壇がある。

仏壇は、聖なる空間にして、かつ家族の絆を強烈に意識できる、素晴らしい日本特有の装置である。仏壇の前で、家族はともに泣き、ともに喜ぶことができる。それこそが家族主義の姿であろう。しかし、現在では仏壇のない家が増えている。

加地先生は、「もし家に仏壇がなければ、作ればいい。菓子箱でも段ボール箱でも構いません。何も黒色でなくても、千代紙を貼って華やかな色調にしてもいい。内部は三段にし、上段に仏様（お釈迦様でも観音様でも）を安置し、中段にはあなたの家の祖先の位牌を建て、下段には、向かって左から花瓶（花を活ける）・香炉（線香を点《た》てる）・ろうそく立ての三つを置けばりっぱなお仏壇なのである。大切なことは、仏壇という〈物〉ではない。祖先と出会う〈こころ〉なのです」と語られている。自らの人生を修めるために、ハンドメイドのお墓や仏壇も悪くないかもしれない。

（二〇二二年八月）

沖縄で海洋散骨に立ち会う

サンレー沖縄で、「合同慰霊祭」および「海洋散骨」を開催した。二〇二三年四月一二日のことだ。まずは、沖縄県浦添市の「サンレーグランドホール中央紫雲閣」で「合同慰霊祭」が行われた。ここは沖縄県最大級のセレモニーホールである。「開会の辞」に続いて、黙祷、禮鐘《れいしょう》の儀、追悼の言葉、カップローソクによる献灯が行われた。ご遺族の方々に続いて、わたしも心を込めて献灯させていただき、その後、主催者として挨拶した。

それから、三重城《みえぐすく》港に移動。一四時に出港し、一五時頃に散骨場に到着。そこから、セレモニーのスタートである。開式すると、船は左旋回した。これは、時計の針を戻すという意味で、故人を偲ぶ儀式である。続いて黙祷をした。次に、日本酒を海に流す「献酒の儀」が行われた。そして、いよいよ「散骨の儀」だ。

散骨の儀では、ご遺族によって遺骨が海に流された。そのとき、号泣された方、海に向かって「ありがとー！　また会おうね！」と叫ばれる方など、それぞれにいろんなお別れの形があった。改めて、海洋散骨とはグリーフケアのセレモニーであると感じた。

それから、「献花の儀」を経て主催者挨拶が行われた。

マイクを握ったわたしは、「今日は素晴らしいお天気で本当に良かったです。今日のセレモニーに参加させていただき、わたしは二つのことを感じました。一つは、海は世界中つながっているということ。今回の海洋散骨には日本全国からお申し込みいただいていますが、海はどこでもつながっています。沖縄の海も世界中の海とつながっています。

海を見れば故人様の顔が浮かび、そしてさまざまな思い出がよみがえることでしょう。故人様との思い出を大切にし、そして海をみると思い出してあげるということは故人様にとって最高のご供養ではないでしょうか」と述べた。

続けて、「もう一つは、故人様はとても幸せな方だなということです。海洋散骨を希望される方は非常に多いですが、なかなかその想いを果たせることは稀です。あの石原裕次郎さんでさえ、兄の慎太郎さんの懸命の尽力にもかかわらず、当時はその願いを叶えることはできませんでした。愛する家族である皆様が海に還りたいという自分の夢を現実にしてくれたということで、故人様はどれほど喜んでおられるでしょうか。沖縄では、魂はニライカナイという理想郷に還り、その魂は皆様を見守り続けると言い伝えられています。皆様と故人様がいつかまた会う日まで、故人様の安寧と皆様のご健勝を祈念いたしましてご挨拶に代えさせていただきます」と申し上げた。

（二〇二二年六月）

死者を軽んじる民族は滅びる

二〇一五年七月、拙著『永遠葬―想いは続く』(現代書林)が発売された。宗教学者である島田裕巳氏の著書『0《ゼロ》葬―あっさり死ぬ』(集英社)に対する反論の書だ。島田氏の提唱する「0葬」というものが話題になっている。通夜も告別式も行わずに遺体を火葬場に直行させて焼却する「直葬」をさらに進めた形で、遺体を完全に焼いた後、遺灰を持ち帰らずに捨ててくるのが「0葬」である。

わたしは、葬儀という営みは人類にとって必要なものであると信じている。故人の魂を送ることはもちろんだが、葬儀は残された人々の魂にも生きるエネルギーを与える。もし葬儀が行われなければ、配偶者や子ども、家族の死によって遺族の心には大きな穴が開き、おそらくは自死の連鎖が起きるだろう。葬儀という営みをやめれば、人が人でなくなる。葬儀という「かたち」は人間の「こころ」を守り、人類の滅亡を防ぐ知恵なのだ。

しかしながら、葬式は時代に合わせ、変わっていくべきだともわたしは考えている。実際、長い歴史の中で葬式は変わってきた。「マネジメントの父」と呼ばれるピーター・ドラッカーは企業が繁栄するための条件として、「継続」と「革新」の二つが必要であるとした。これは、企業だけでなく、業界や文化にも当てはまることではないだろうか。良いものはきちんと継続してゆく。時代の変化に合わせて変えるべきところは革新する。葬式という文化にも「継続」と「革新」が欠かせないと思うのだ。

わたしは、決してわが社や業界のために『永遠葬』を書いたのではない。葬式は社会にとって必要なものだから書いたのである。日本人の「こころ」に必要なものだとも思う。日本人が本気で「葬式は、要らない」と考えはじめたら、日本は世界の笑いものになる。いや、それどころか、人類社会からドロップアウトしてしまう危険性がある。そんな事態は絶対に避けなければならない。だから、わたしは悲壮感をもって、『葬式は、要らない』に対抗して『葬式は必要！』（双葉新書）を書き、今また『０葬』に対して『永遠葬』を書いた。

葬儀によって、有限の存在である「人」は、無限の存在である「仏」となり、永遠の命を得る。これが「成仏」だ。葬儀とは、じつは「死」のセレモニーではなく、「不死」のセレモニーなのだ。そう、人は永遠に生きるために葬儀を行う。「永遠」こそは葬儀の最大のコンセプトであり、わたしはそれを「０葬」に対抗する意味で「永遠葬」と名づけた。

同書で、わたしは葬儀の本質と重要性を述べるとともに、通夜も告別式もせずに火葬場に直行するという「直葬」あるいは遺骨を火葬場に置いてくる「０葬」を批判した。これらの超「薄葬」が、いかに危険な思想を孕《はら》んでいるか、声を大にして訴えた。葬儀を行わずに遺体を焼却するという行為は、巨大な闇に通じている。

それにしても、この日本で「直葬」が流行するとは……。さらには、あろうことか「0葬」などというものが発想されようとは！　「死者を軽んじる民族は滅びる」などといわれるが、なぜ日本人は、ここまで死者を軽んじる民族に落ちぶれてしまったのか？

そんな疑問が浮かぶとき、わたしは、「日本民俗学の父」と呼ばれる柳田國男の名著『先祖の話』の内容を思い出す。『先祖の話』は、敗戦の色濃い昭和二〇年春に書かれた。柳田は、連日の空襲警報を聞きながら、戦死した多くの若者の魂の行方を想って、『先祖の話』を書いたという。民俗学者・柳田の祖先観の到達点であるといえるだろう。

柳田がもっとも危惧し恐れたのは、敗戦後の日本社会の変遷だった。具体的に言えば、明治維新以後の急速な近代化に加え、日本近代史上初めての敗戦によって、日本人の「こころ」が分断されてズタズタになることだった。

柳田の危惧は、それから五〇年以上を経て、現実のものとなった。自死、孤独死、無縁死が激増し、通夜も告別式もせずに火葬場に直行するという「直葬」も増えている。家族の絆は断ち切られ、「血縁」も「地縁」もなくなりつつある。『葬式は、要らない』などという本がベストセラーになり、日本社会は「無縁社会」と呼ばれるまでになってしまった。

この「無縁社会」の到来こそ、柳田がもっとも恐れていたものだったのではないだろうか。彼は「日本人が先祖供養を忘れてしまえば、いま散っている若い命を誰が供養するのか」という悲痛な想いを抱いていたのだ。

『永遠葬』を書いた二〇一五年は、終戦七〇年の年であった。

日本人だけでじつに三一〇万人もの方々が亡くなられた、あの悪夢のような戦争が終わって七〇年目の大きな節目だったのである。わたしは、この年こそ、日本人が「死者を忘れてはいけない」「死者を軽んじてはいけない」ということを思い知る年であると思った。

いま、柳田國男のメッセージを再びとらえ直し、「血縁」や「地縁」の重要性を訴え、有縁社会を再生する必要がある。わたしは、そのように痛感して、『永遠葬』を書いたのである。

わたしたちは、どうすれば現代日本の「葬儀」をもっと良くできるかを考え、そのアップデートの方法について議論することが大切ではないだろうか。同書では、わたしが現在取り組んでいる葬送イノベーション、すなわち四大「永遠葬」を紹介している。日本人の他界観を大きく分類すると「山」「海」「月」「星」となるが、それぞれを現実的に対応したスタイルとして、「樹木葬」「海洋葬」「月面葬」「天空葬」という葬法がある。

この四大「永遠葬」は、個性豊かな旅立ちを求める「団塊の世代」の方々にも大いに気に入ってもらえるのではないかと思う。

（二〇一五年七月）

島田裕巳氏と葬儀について対談する

二〇一六年一〇月、宗教学者の島田裕巳氏とわたしの共著『葬式に迷う日本人』(三五館)が刊行された。互いに二通ずつの書簡を交わしたあと、巻末ではガチンコ対談している。

かつて、わたしは島田氏の『葬式は、要らない』(幻冬舎新書)というベストセラー本に対抗して、『葬式は必要！』(双葉新書)を書いた。それからNHK番組での討論を経て、その五年後、再び島田氏の著書『0葬』(集英社)に対して『永遠葬』(現代書林)を執筆した。

島田氏は、葬式無用論の代表的論客だが、わたしは葬式必要論者の代表のように見られることが多い。そんな二人が共著を出したことに驚いた人も多いようである。

しかし、意見が違うからといって、いがみ合う必要などまったくない。意見の違う相手を人間として尊重したうえで、どうすれば現代の日本における「葬儀」をもっと良くできるかを考え、そのアップデートの方法について議論を深めることが大切だ。

島田氏との対談が決まった頃、原発や安保の問題にせよ、意見の違う者が対話しても、相手の話を聞かずに一方的に自説を押しつけるだけのケースが目立った。ひどい場合は、相手に話をさせないように言論封殺するケースもあった。そんな姿を子どもたちが見たら、どう思うだろうか。間違いなく、未来に悪影響しか与えないはずである。わたしたちは互いに相手の話をきちんと傾聴し、自分の考えもしっかりと述べ合った。

当事者が言うのもなんだが、理想的な議論が実現したように思う。わたしは、島田氏と大いに語り合って、改めて日本における葬儀のアップデートの必要性を痛感した。日本人の葬儀の九割以上は仏式だが、これが一種の制度疲労を起こしている。

よく「葬式仏教」とか「先祖供養仏教」とか言われるが、これまでずっと日本仏教は日本人、それも一般庶民の宗教的欲求を満たしてきたことを忘れてはならないだろう。その宗教的欲求とは、自身の「死後の安心」であり、先祖をはじめとした「死者の供養」に尽きる。

「葬式仏教」は、一種のグリーフケアともいえる文化装置だったのである。日本の宗教の強みは葬儀にある。「成仏」というのは有限の存在である「ヒト」を「ホトケ」という無限の存在に転化させるシステムではないか。ホトケになれば、永遠に生き続けることができる。仏式葬儀には、ヒトを永遠の存在に転化させる機能があるのだ。

二〇一一年の夏、東日本大震災の被災地が「初盆」を迎えた。地震や津波の犠牲者の初盆だったが、生き残った被災者の心のケアという面からみても非常に重要であった。多くの被災者がこの初盆を心待ちにしていたのである。通夜、葬儀、告別式、初七日、四十九日と続く、日本仏教における一連の死者儀礼の流れにおいて、初盆はひとつのクライマックスである。日本における最大のグリーフケア・システムといってもよいかもしれない。

そして、次の大事なことを忘れてはならない。

それは基本的に仏式葬儀がなければ、初盆はないということである。仏式葬儀があって、初七日や四十九日があって、初盆が来るのである。例えるなら、小学校に入学しなければ運動会や修学旅行を経験できないのと同じだ。

今後、葬儀はさまざまなかたちに変わっていくであろうが、原点、すなわち「初期設定」を再確認したうえで、時代に合わせた「アップデート」、さらには「アップグレード」を心がけることが必要である。

島田氏との対談を終えて、わたしは「葬儀は人類の存在基盤である」という自説が間違っていないことを確信した。儀式を行うことは人間の本能である。ネアンデルタール人の骨からは、埋葬の風習とともに身体障害者をサポートした形跡が見られる。現生人類(ホモ・サピエンス)も同様で、死者を弔うことと相互扶助は人間の本能なのだ。

この本能がなければ、人類はとうの昔に滅亡していただろう。人間には、他人とコミュニケーションし、人間関係を豊かにし、助け合い、さらには死者を弔うという本能がある。わたしは、この本能を「礼欲」と呼ぶ。人間に礼欲がある限り、葬儀は不滅なのである。(二〇一七年一月)

「唯葬論」という考え方

わたしには、『唯葬論』(三五館、サンガ文庫)という著書がある。

同書の根底をなすのは、葬儀は人類の存在基盤であるという考え方である。約七万年前に死者を埋葬したとされるネアンデルタール人たちは「他界」の観念を持っていたとされる。それは、「ホモ・サピエンス」と呼ばれるわたしたち現生人類に受け継がれた。「人類の歴史は墓場から始まった」という言葉を聞いたことがあるが、確かに埋葬という行為には人類の本質が隠されているといえる。それは、古代のピラミッドや古墳を見てもよく理解できる。人類の文明も文化も、その発展の根底には「死者への想い」があったと考える。そして、埋葬は文化のシンボルであり、お墓は文明のシンボルだと思う。

世の中には「唯物論」「唯心論」をはじめ、精神分析学者の岸田秀氏が唱えた「唯幻論」、解剖学者の養老孟司氏が唱えた「唯脳論」などがあるが、結局のところ、「唯○論」というのは、すべて「世界をどう見るか」という世界観、「人間とは何か」という人間観に関わっているのではないだろうか。そこでわたしは「唯葬論」という考え方を提唱している。

また、わたしは、「ホモ・フューネラル」という言葉も提起している。

この言葉に表現されるように人間とは「葬儀をするヒト」であり、人間のすべての営みは「葬」という コンセプトに集約されると考える。カタチにはチカラがある。カタチとは儀式のことだ。わたしは冠婚葬祭会社を経営しているが、冠婚葬祭というものがなかったら、人類はとうの昔に滅亡していたのではないかと思っている。わが社の社名である「サンレー」には「産霊《むすび》」という意味がある。神道と関わりの深い言葉だが、新郎新婦という二つの「いのち」の結びつきによって、子どもという新しい「いのち」を産むということだ。「むすび」によって生まれるものこそ、「むすこ」であり、「むすめ」である。結婚式の存在によって、人類は綿々と続いてきたと言ってよい。特に最期のセレモニーである葬儀は、故人の魂を送ることはもちろんだが、残された人々の魂にもエネルギーを与えてくれる。

もし葬儀が行われなければ、配偶者や子ども、家族の死によって遺族の心には大きな穴が開き、おそらくは自死の連鎖が起きたことだろう。葬儀という営みをやめれば、人が人でなくなる。葬儀というカタチは人類の滅亡を防ぐ知恵なのである。

オウム真理教の「麻原彰晃」こと松本智津夫が説法において好んで繰り返した言葉は、「人は死ぬ、必ず死ぬ、絶対死ぬ、死は避けられない」という文句であった。死の事実を露骨に突きつけることによってオウムは多くの信者を獲得したが、結局は「人の死をどのように弔うか」という宗教の核心を衝くことはできなかった。言うまでもないが、人が死ぬのは当たり前である。「必ず死ぬ」とか「絶対死ぬ」とか「死は避けられない」など、ことさら言う必要などない。

最も重要なのは、人が死ぬことではなく、死者をどのように弔うかということ。問われるべきは「死」でなく、「葬」なのである。そして、「葬」とは死者と生者との豊かな関係性を指す。よって、わたしは『唯死論』ではなく、『唯葬論』という書名の本を書いた。

同書には、宇宙論／人間論／文明論／文化論／神話論／哲学論／芸術論／宗教論／他界論／臨死論／怪談論／幽霊論／死者論／先祖論／供養論／交霊論／悲嘆論／葬儀論という全部で一八の章がある。さまざまな角度から「葬儀こそ人類の最重要問題」であることを訴えた。同書を読めば、読者は「葬儀ほど知的好奇心を刺激するテーマはない」ことを思い知るだろうと思う。いつもは「なるべく平易な言葉で書こう」「難解な哲学書などは引用しない」などの配慮をするのだが、この本は遠慮なく書いた。ヘーゲルの『精神現象学』やハイデガーの『存在と時間』などの哲学書もガンガン引用した。

「宇宙論」から「葬儀論」へと至る章立ては、二〇一二年に逝去した偉大な思想家である吉本隆明氏の名著『共同幻想論』からインスパイアされた。不遜を承知で言えば、わたしは『唯葬論』を『共同幻想論』へのアンサーブックとして書いたのである。（二〇一八年一月）

なぜ、仏壇を買わないのか

最近、「終活」をテーマにした講演の依頼がよく来る。

そのときに受講者の方からよく耳にするのが、「子どもや孫に負担をかけたくないので、葬式は要らない、お墓も要らない。遺骨は海に撒《ま》いてくれ」などの声である。このとき、わたしがいつも質問するのは、「お子さんやお孫さんとお話をされましたか」ということだ。極端な話、子や孫は本人が死んだ後のことはそれほど気にしていない。気にしているのは「子や孫に迷惑をかけたくない」という本人の一方的な思いだけである。

ところが、こうした親の意向に従いたくないと思うのが、当人の子どもたちなのだ。子は親のために「立派な葬儀を挙げてあげたい」と思っているかもしれないということである。親の葬儀を出すのは子どもとしての務めだ。けっして、迷惑などと思っていないだろう。結婚式で父親が参列者にお礼の挨拶をするのと同じように、両親の葬儀に子どもたちがお礼の挨拶をしたいと思っているはずだ。わたしは、婚礼と葬礼における挨拶を聞くたびに目頭が熱くなる。感謝の気持ちに満ち溢れているからである。

それなのに、「お墓も要らない」などと言われたら、子どもたちにしてみれば「お墓がなければ供養できない」と思うのではないだろうか。死にゆく人は、子どもの言うことに従うことも重要だと思う。迷惑などと勝手に思い込まずに、話し合ってほしい。

さらに、「お墓をつくろう」という発想になったとしても、仏壇を買おうという人は少なくなりつつある。でも、お墓に比べて、仏壇のほうがはるかに安く、メンテナンスもかからない。いつでも故人の供養ができる。

それなのに、なぜ仏壇は人気がないのか。それはライフスタイルの変容で仏壇そのものが淘汰《とうた》されつつあるからではないだろうか。新しいマンションには床の間もなければ、和室もない。当然、仏間などあるわけがない。仏壇がないということは、死者はもうすでに家にいないということだ。死者どころではない。いまの家は核家族の住まいであり、家族だけが暮らす空間である。外部の者は、生きている人でさえ家には来ない。親戚の集まりもなければ、子どもの友達も家に来ない。

ファミリーレストランが家族の食事の団欒《だんらん》の受け皿になったように、いまや和食のファミリーレストランが日本的な儀式（法要など）の担い手になっている。正月で親戚一同が集まる場所がレストランということも珍しくなくなってきた。

介護の問題にしても、個人の住宅は老人を受け入れる住環境ではない。ゆえに、介護施設や老人ホームが求められるわけだ。

仏壇が家になければ、お線香をあげたりする行為は、墓参だけになる。

子や孫に供養の作法を教えようとしても、仏壇がなければ、それは困難である。親が「お墓をつくろう」と言えば賛成しても、「仏壇を買おう」と言えば反対する子どもが多いという。死者を家の中に入れたくないという心理が働いているように思えてならない。

しかし、わたしは「生者は死者とともに生きている」と考えており、生活の中には仏壇のような死者の空間が必要であると思っている。それは別に立派な仏壇でなくても構わないが、あなたの大切な故人を思い出し、その冥福を祈る「こころ」を「かたち」にする方法を真剣に考えてほしい。

（二〇一八年三月）

お墓のかたちを考える

お墓の「かたち」は非常に多様化してきている。従来の石のお墓もあれば、海や山に遺灰を撒く自然葬、散骨を求める人も増えてきている。遺骨を人工衛星に搭載して宇宙空間を周回させる天空葬もあれば、月面をお墓にする月面葬といったものも登場している。

モーリス・メーテルリンクが書いた戯曲『青い鳥』は、わたしの大好きな物語だ。

幸せの青い鳥を求めて、チルチルとミチルが最初に訪れた「思い出の国」は、濃い霧の向こう側にあった。そこは、乳色の鈍い光が一面にただよう死者の国だ。この「思い出の国」で、チルチルとミチルの二人は亡くなった祖父と祖母に再会する。

おばあさんは「わたしたちのことを思い出してくれるだけでいいのだよ。そうすれば、いつでもわたしたちは目がさめて、お前たちに会うことができるのだよ」と言う。わたしは、この『青い鳥』から、死者は思い出されることを何よりも望んでいるということを知った。そう、思い出しさえすれば、わたしたちは、今は亡きなつかしい人たちに会えるのである。

なんと、素敵なことではないだろうか！

そして、「思い出の国」をこの世では「お墓」と呼ぶ。わたしは、人間とは死者とともに生きる存在であると思う。だから、人間とはお墓を必要とする存在だということにもなる。

現在、血縁も地縁も希薄になってきて「無縁社会」が叫ばれ、「葬式は、要らない」という葬儀不要論に続いて、「墓は、造らない」という墓不要論も取り沙汰されている。でも、わたしは生き残った者が死者への想いを向ける対象物というものが必要だと思う。

『千の風になって』という歌が流行したとき、「私のお墓の前で泣かないでください、そこに私はいません」という冒頭の歌詞のインパクトから墓不要論を唱える人が多く出た。しかし、新聞である葬儀社の方のコメントを読み、その言葉が印象に残っている。それは「風になったと言われても、やはりお墓がないと寂しいという方は多い。お墓の前で泣く人がいてもいい」といった言葉だった。

風になったと思うのも良ければ、お墓の前で泣くのも良い。死者を偲ぶ「こころ」さえあれば、その「かたち」は何でもありだ。これからは既存のスタイルにとらわれず、自分らしいお墓について考えるということが大切になってくる。先祖代々のお墓を引っ越さなければならないという「墓じまい」や、新たにお墓を造るという「墓じたく」も大切な問題だ。

このたび、わたしは『墓じまい・墓じたくの作法』(青春新書インテリジェンス)という本を上梓《じょうし》した。「お墓」をテーマに、その過去、現在、未来に触れながら、「どのようにお墓と付き合うか」という作法についても紹介した。

ここで、大切な「お墓」の作法をお伝えしてみたい。それは「墓」と呼ばずに「お墓」と呼ぶということだ。同書のタイトルは、便宜上「墓」という言葉を使っているが、日常的にはけっして「墓」ではなく「お墓」という言葉を使ってほしい。

「墓」とは石材をはじめとした単なる物体であり、唯物論的な世界の言葉だ。でも、「お墓」と呼べば、そこに「こころ」が入る。どうも、「墓」と呼び捨てにしている人は自分自身のお墓が無縁化する運命にあるような気がしてならない。一方、「お墓」と呼ぶ人のお墓はいつまでもお参りに訪れる人が絶えないように思う。

言葉とは、「言の葉」ということ。『万葉集』の時代、言の葉は「生命の葉」という幹から出たものとされ、生命の表現であるとされた。その言の葉には霊が宿ると考えられ、「言霊《ことだま》」と呼ばれていた。口に出した言葉が現実に何らかの影響を与える霊力を持っているとする考え方だ。ですから、みなさんもまず「お墓」と呼ぶことから、はじめていただきたい。

あなたの大切な人を思い出し、その冥福を祈る「こころ」を「かたち」にする方法はいろいろとある。お墓が遠方なのでお墓を移したい、無縁墓にしたくないので、墓じまいをしたい……。あなたらしいお墓の「かたち」をぜひ考えていただきたいと思う。（二〇一六年九月）

ブッダの教えを求めてインドへ

いま、インドに来ている。座長を務める「アジア冠婚葬祭業国際交流研究会」の海外視察に参加しているのだが、現地では聖なるガンジス川をはじめ、サルナート、ブッダガヤ、ラージギルなどの仏教聖地を回っている。

言うまでもなく、インドはブッダが世界宗教である仏教を開いた土地である。その布教のルートを追いながら、ブッダの教えというものを振り返っている。

現在のわたしたちは、大きな危機を迎えている。戦争や環境破壊などの全人類的危機に加え、わたしたち日本人は東日本大震災という未曾有《みぞう》の大災害に直面した。想定外の大津波と最悪レベルの原発事故のショックは、いまだ覚めない悪夢のようだ。そんな先行きのまったく見えない時代に最も求められる教えを残したのがブッダだと思う。

そこには、現代に生きるわたしたちが幸せになるためのヒントがたくさんある。

最近は「仏教ブーム」だそうだが、その背景には一神教への不安と警戒が大きくあると思う。キリスト教世界とイスラム教世界の対立は、もはや非常に危険な状態に立ち入っている。この異母兄弟というべきキリスト教とイスラム教の対立の根は深く、千年の昔から続いている業《ごう》といえる。しかもその業の道をずっと進めば、人類は滅びてしまうかもしれない。それを避けるには、彼らが正義という思想の元にある自己の欲望を絶対化する思想を反省して、憎悪の念を断たねばならない。この憎悪の思想の根を断つというのが仏教の思想だろう。

仏教は、「正義」より「寛容」の徳を大切にする。いま世界で求められるべき徳は、正義の徳より寛容の徳、あるいは慈悲の徳だ。この寛容の徳、慈悲の徳が仏教にはよく説かれている。わたしは、仏教の思想、つまりブッダの教えが世界を救うと信じている。

さらに、わたしたち日本人は特にブッダの教えを学ぶ必要がある。日本人の「こころ」は仏教、儒教、そして神道の三本柱で成り立っているが、日本における仏教の教えは本来の仏教のそれとは少し違っている。インドで生まれ、中国から朝鮮半島を経て日本に伝わってきた仏教は、聖徳太子を開祖とする「日本仏教」という別個の宗教と見るべきではないだろうか。

日本仏教は「葬式仏教」とも呼ばれる。しかし、それに対して宗教学者の島田裕巳氏などが執拗に葬式仏教批判を繰り広げている。島田氏はかつて『葬式は、要らない』（幻冬舎新書）において、ブッダの葬式観に触れている。ブッダは決して霊魂や死後の世界のことは語らず、この世の正しい真理にめざめて、一日も早く仏に到達することを仏教の目的にし、葬儀というものを否定したというのだ。いわば、仏教の開祖であるブッダ自身を「世界最初の葬儀無用論者」として位置づけたわけだ。

たしかにブッダは、弟子の一人から、「如来の遺骸はどのようにしたらいいのでしょうか」と尋ねられたときに、「おまえたちは、如来の遺骸をどうするかなどについては心配しなくてもよいから、真理のために、たゆまず努力してほしい。在家信者たちが、如来の遺骸を供養してくれたのだろうから」と答えている。

自身の死に関しては、「世は無常であり、生まれて死なない者はいない。いまのわたしの身が朽ちた車のようにこわれるのも、この無常の道理を身をもって示すのである。いたずらに悲しんではならない。仏の本質は肉体ではない。わたしの亡き後は、わたしの説き遺した法がおまえたちの師である」と語っている。

しかしながら、ブッダに葬式を禁じられた弟子の出家者たちも、自分自身の父母の死の場合は特別だったようだし、ほかならぬブッダ自身、父の浄飯王《じょうぼんのう》や、育ての母であった大愛道《だいあいどう》の死の場合は、自らが棺をかついだという記述が経典に残っている。

それは葬儀というものが、単に死者に対する追善や供養といった死者自身にとっての意味だけでなく、死者に対する追慕や感謝、尊敬の念を表現するという、生き残った者にとってのセレモニーだからだろうと思う。

そして、弟子たちに葬儀の重要性を説かなかったとされているブッダ自身の葬儀は、盛大に執り行われた。葬儀は遺言によりマルラ人の信者たちの手によって行われたという。七日間の荘厳な供養の儀式のあと、丁重に火葬に付したと伝えられる。

ブッダは、決して葬式を軽んじてはいなかったはずだ。もし軽んじていたとしたら、その弟子たちが七日間にもわたる荘厳な供養などを行うはずがない。なぜならそれは完全に師の教えに反してしまうことになるからだ。

それともマルラ人たちは本当にブッダの教えに反してまで、荘厳な葬儀を行ったのだろうか。教えに従うにせよ、背いたにせよ、マルラ人たちは偉大な師との別れを惜しみ、手厚く弔いたいという気持ちを強く持ったのだろう。わたしは、ブッダはけっして葬儀を禁じなかったと確信している。


（二〇一七年二月）

第2章

コロナ禍が供養の姿を変えた

新型コロナウイルスの流行は、葬儀など供養の姿までを変えてしまった。葬儀は崩壊の危機にあるのか？

葬儀崩壊を起こすな！

新型コロナウイルスの感染拡大が世界中で止まらない。

人類社会は完全に立ち往生してしまった。二〇二〇年四月一〇日にロイター通信は、感染が急速に広がった南米エクアドルでは、遺体がビニールに包まれただけの状態で歩道に放置されていると報じた。大統領は遺体の取り扱われ方について調査する考えを示したが、遺族からは怒りの声が上がっている。わたしは、新型コロナウイルスの感染拡大による「医療崩壊」の次は、葬儀を行う体制が崩壊する「葬儀崩壊」が起こるのではないかと心配しているのだが、エクアドルではそれが現実になったようだ。

現在、医療崩壊を招いた国では助けられたはずの人が次々と亡くなっている。その数は火葬場が足りなくなるほどで、イタリアでは教会、スペインではアイスアリーナ、ニューヨークではビル街といった場所に臨時の遺体安置所が続々と設置されている。

新型コロナウイルスの感染による死者数が世界一となったアメリカでは、ニューヨーク市ブロンクス北東にあるハート島の共同墓地に、経済的理由などで葬儀が行われない遺体や引き取り手のない遺体が次々と埋葬されている。

山形大学名誉教授で仏教史学者の松尾剛次氏は、著書『葬式仏教の誕生』（平凡社新書）で、日本の中世には街に遺体が転がっているような状況がたびたび起こり、死者と遺族のために読経することが僧侶の重要な役目となった結果、それが葬式仏教の成立につながったのだと述べている。二一世紀の現在、世界各地がその状況に戻ったようにも思える。「葬式仏教」が根づいた日本でも、新型コロナウイルスによる肺炎で亡くなった方の葬儀を行うことができない状況が続いている。代表的なケースでは、二〇二〇年三月二九日、日本を代表するコメディアンであった志村けんさんが七〇歳で亡くなられたが、ご遺族がご遺体に一切会えないまま荼毘《だび》に付された。

新型コロナウイルスに感染した患者さんは最期に家族にも会えず、亡くなった後も葬儀を開いてもらえない。ご遺族は、二重の悲しみを味わうことになる。さらに、肺炎で亡くなった方の中には新型コロナウイルスかと疑われる方もあるので、参列を断ったり、儀式を簡素化したりするケースも増えてきている。

これから、日本人の供養はどうなっていくのだろうか。わたしは今、このようなケースに合った葬送の「かたち」、グリーフケアの具体的方法を模索している。

（二〇二〇年五月）

死を乗り越える言葉

各地で緊急事態宣言が解除されたとはいえ、世界における新型コロナウイルスの感染はいまだ収まらない。人類社会はコロナに翻弄されている。

そんな中ではあるが、『死を乗り越える名言ガイド』（現代書林）という新著を上梓した。「言葉は人生を変えうる力をもっている」というサブタイトルがついた本書の帯には「『グリーフケアの時代』に読みたい一冊」と大書され、上智大学グリーフケア研究所所長で東京大学名誉教授の島薗進先生による「誰もがいつか死ぬ。死の必然をしっかり意識して生きることの重要性は、多くの聖人・賢者・英雄・偉人たちが説いてきた。

では、死をどう受け止めればよいのか。明確な答えがあるのか。博識無比の著者は、古今東西の答えのバラエティーを示し、あなたの探求を助けてくれる。読者ひとりひとりが死を問い、答えを得るための頼もしい手がかりを見出すことができるだろう」という推薦の言葉が書かれている。日本における死生学の第一人者から過分な推薦の辞をお寄せいただき、まことに光栄だ。

わたしは、冠婚葬祭会社を経営している。日々、さまざまなご葬儀に関わらせていただく中で、多くの遺族の方々に接してきた。

その経験の中で共通して実感しているのが、ほかならぬ言葉の力である。『死を乗り越える名言ガイド』には、小説や映画に登場する言葉も含め、古今東西の聖人、哲人、賢人、偉人、英雄たちの言葉、さらにはネイティブ・アメリカンたちによって語り継がれてきた言葉まで、一〇〇の「死を乗り越える」名言を紹介している。

上智大学グリーフケア研究所特任教授（当時）で京都大学名誉教授の鎌田東二先生は、「葬儀もできない今の新型コロナウイルスによる死の迎え方は、人類史上究極の事態かと認識しています。車間距離のように『身体距離』を取る必要を要請されている状況下、どのようなグリーフケアやスピリチュアルケアがあり得るのかを知恵と工夫を出し合わねばなりません」と、わたしとの往復書簡で述べられたが、わたしは「身体」の代わりになる最たるものは「言葉」であると思う。

グリーフケアという営みの目的には「死別の悲嘆」を軽減することと「死の不安」を克服することの両方がある。感染拡大で日本中、いや世界中に「死の不安」が蔓延している現在、「死の不安」を乗り越える言葉を集めた書を世に送り出すことに使命を感じる。

（二〇二〇年六月）

死者儀礼としてのオリンピック

二〇二〇年の七月を迎えた。本来、今月から東京オリンピック&パラリンピックが始まるはずだったが、信じられないような思いだ。東京五輪は一年延期されたが、新型コロナウイルスの収束が見えない今、その開催に疑問を抱く人は多いことと思う。

わたしは現在の商業主義にまみれたオリンピックには強い違和感をおぼえているのだが、ピエール・ド・クーベルタンが唱えたオリンピックの精神そのものは高く評価している。

オリンピックとは平和の祭典であり、全世界の祝祭だ。数々のスポーツ競技はもちろんのこと、華々しい開会式・閉会式は言語や宗教の違いを超えて、人類すべてにとってのお祭りであると実感させるイベントであることは間違いない。

古代ギリシャにおけるオリンピア祭の由来は諸説あるが、そのうちの一つとして、トロイア戦争で死んだパトロクロスの死を悼むため、アキレウスが競技会を行ったという説がある。事実なら、古代オリンピックは葬送の祭りとして発生したということになる。

二一世紀最初の開催となった二〇〇四年のオリンピックは、奇《く》しくも五輪発祥の地アテネで開催されたが、このことに、わたしは古代オリンピックとの悲しい符合を感じてならない。二一世紀の幕開けとともに起こった9・11同時多発テロや、アフガニスタン、イラクで亡くなった人々の霊をなぐさめる壮大な葬送儀礼と見ることもできたからだ。

オリンピックは、クーベルタンというフランスの偉大な理想主義者の手によって、じつに一五〇〇年もの長い眠りからさめ、一八九六年の第一回アテネ大会で近代オリンピックとして復活した。その後一二〇年が経過し、オリンピックは大きな変貌を遂げる。「アマチュアリズム」の原則は完全に姿を消し、ショー化や商業化の波は、もはや止めることはできない。各国の企業は販売や宣伝戦略にオリンピックを利用し、開催側は企業の金をあてにする。大手広告代理店を中心とするオリンピック・ビジネスは、今や、巨額のマーケットとなっている。そのオリンピックという巨大イベントを初期設定としての「儀式」に戻す必要があると、わたしは考える。

一年後の二〇二一年七月に東京五輪が開催されるのならば、それは新型コロナウイルスで亡くなった世界中のすべての方々の葬送儀礼であり、追悼儀礼であるべきだ。そんなことを二〇二〇年六月一一日発売の『心ゆたかな社会』（現代書林）に書いた。同書のメインテーマは、「コロナからココロへ」だ。ご一読下されば幸いである。

（二〇二〇年七月）

なぜ人間は死者を想うのか

二〇二〇年の夏を迎えた。新型コロナウイルスの猛威は衰えを見せないが、そんなコロナ禍の中で、七月一九日に「産経新聞」から「コロナ『自粛』で祈り、供養の機会『増えた』／日本香堂調査『大切な故人、心の拠りどころに』」というネット記事が配信された。

記事には、「新型コロナウイルスの感染拡大防止で続いた自粛期間中、親族など身近な故人への祈り、願いごとをする人が増えていることが『日本香堂』の調査で明らかになった。同社は『〈社会的距離〉を埋め合わすかのように、〈心の距離〉が緊密化しているのではないか』とみている」と書かれていた。わたしの最新刊『心ゆたかな社会』（現代書林）では、「コロナからココロへ」として、「新型コロナが終息した社会は、人と人が温もりを感じる世界」であると訴えたが、すでにコロナ禍の中で「ココロへ」が進行しているというのだ！

調査は自粛による意識や行動の変化を問うもので、六月二三、二四日に実施。全国の成人男女一〇三六人に回答を得たそうだが、「三密」や「ステイホーム」などに関する質問への回答のほか、「コロナ前」と比べて、祈り、供養の習慣に変化があったかについて質問している。その回答は「前と変わらない」が七割強を占めたが、二四・三％が「ゆかりの深い故人への祈りや願いなど心の中で語りかける機会が増えた」と回答した。

また、約一五％が仏壇、位牌、遺影に手を合わせたり、花や線香を供えたりする機会が「増えた」とし、いずれも「減った」を大きく上回ったという。

最後に、この記事は「祈りや供養の機会が増えたと答えた人の約八割は『今後も維持・継続したい』としており、コロナ禍で先祖との『絆』を求める指向が高まっていることも明らかになった。日本香堂は『未曾有の経験に揺れ動いた心の拠りどころとして、大切な故人に見守られているような、安らぎのひとときという実感を強めているのではないか』と分析している」と結ばれている。

拙著『唯葬論』（三五館、サンガ文庫）で、わたしは、「なぜ人間は死者を想うのか」という問いを立て、人間に「礼欲」という本能がある可能性を指摘した。わたしは、祈りや供養や儀式を行うことは人類の本能だと考えているのである。

この本能がなければ、また、葬儀という「かたち」がなければ、人類は膨大なストレスを抱えて「こころ」を壊し、自死の連鎖によって、とうの昔に滅亡していたのではないか。

このような時期に意義のある調査を実施された日本香堂さんに敬意を表したい。

（二〇二〇年八月）

インドで知った最大の平等

わたしが五八回目の誕生日を迎えた二〇二一年五月一〇日、インドビハール州のガンジス河畔に七一体の遺体が漂着しているのが見つかった。同国ウッタルプラデシュ州のガンジス河畔でも二五体の遺体が発見されたという。

インドでは、新型コロナウイルスの変異株が猛威をふるっており、当然ながら遺体はコロナ感染による死者の可能性がある。報道によると、火葬用の木材が不足していたり、葬儀の費用が高騰していたりして、遺体を直接川に流すしかない家族がいるという。ネットでこの記事を読んだわたしは、非常に心を痛めた。

超格差社会であるインドには、現在もカースト制度の影響が強く残っている。カースト制度はバラモン教によってつくられ、ヒンズー教に受け継がれた身分制度である。そのカースト制度を廃止しようとした人こそ、仏教の開祖であるゴータマ・ブッダだった。

残念ながら、ブッダの志は今も果たされず、カースト制度は残っている。二〇一六年二月、わたしは生まれて初めてインドを訪れた。そのとき、聖なるガンジス川をはじめ、サルナート、ブッダガヤ、ラージギルなどの仏教聖地を回った。インドに到着して三日目の早朝、わたしは「ベナレス」とも呼ばれるバラナシを視察した。ヒンズー教の一大聖地だ。まず、ガンジス川で小舟に乗った。しばらくすると、舟から火葬場の火が見えたので、わたしは思わず合掌した。バラナシの別名は「大いなる火葬場」だが、国際的に有名なマニカルニカー・ガートという大規模な火葬場がある。そこは、二四時間火葬の煙が途絶えることがない。そこに運ばれてきた死者は、まずはガンジス川の水に浸される。それから、火葬の薪の上に乗せられて、喪主が火をつける。

インドでは、最下層のアウトカーストが火葬に携わるとされている。火葬場からガンジス川に昇った朝日がよく見えた。その荘厳な光景を眺めながら、「ああ太陽の光は平等だ！」と思った。太陽の光はすべての者を等しく照らす。そして、わたしは「死は最大の平等である」という言葉を口にした。これはわが持論である。生まれつき健康な人、ハンディキャップを持つ人、裕福な人、貧しい人……「生」は差別に満ち満ちている。しかし、王様でも富豪でも庶民でもホームレスでも、「死」だけは平等に訪れる。

遠藤周作の名作『深い河』の舞台にもなったマニカルニカー・ガートで働く人々もアウトカーストだそうだが、わたしには人間の魂を彼岸に送る最高の聖職者に見えた。

そう、太陽と死だけは、万人に対して平等なのだ。

（二〇二一年六月）

第3章

「供養の心」を季節に重ねる

四季折々の風景や行事。日本人が育んできた歳時記のなかに、
供養の心を見つけることができる。

正月には先祖供養を

みなさんは、正月を祝われているだろうか？

わが家では、いつものように正月飾りをした。家の前に門松を立て、床の間には鏡餅を供えた。正月を迎えると、しみじみと「ああ、自分は日本人だ」と実感する。

民俗学者の折口信夫は、年中行事を「生活の古典」と呼んだ。彼は、『古事記』や『万葉集』、『源氏物語』などの「書物の古典」とともに、正月、節分、雛祭り、端午の節句、七夕、盆などの「生活の古典」が日本人の心にとって必要であると訴えたのである。

「伝統文化や伝統芸能を大切に」などと言われるが、それはわたしたちの暮らしの中で昔から伝承されてきた「生活の古典」がなくなる前触れだろう。國學院大學客員教授の岩下尚史氏などは、「正月もそのうち実体がなくなる。おそらく今の80代の人たちが絶える頃には、社寺は別としても、古風な信仰を保つ人たちを除いては、単なる1月になるだろう」と、著書『大人のお作法』（集英社インターナショナル新書）で予測している。

わたしたち日本人にとって、正月に初日の出を拝みに行ったり、有名な神社仏閣に初詣に出かけるのは、いたって見慣れた、当たり前の光景である。これらの行事は日本の古くからの伝統だと思われがちだが、実のところ、初日の出も初詣も、いずれも明治以降に形成された、新たな国民行事と呼べるものだ。

それ以前の正月元日は、家族とともに、「年神《としがみ》」（歳徳神《さいとくしん》）を迎えるため、家のなかに慎み籠《こも》って、これを静かに待つ日であった。日本民俗学では、この年神とは、もとは先祖の霊の融合体ともいえる「祖霊」であったとされている。また、本来、正月は盆と同様に祖霊祭祀の機会であったことは、隣国である中国や韓国の正月行事を見ても容易に理解できる。つまり、正月とは死者のための祭りなのである。

日本の場合、仏教の深い関与で、盆が死者を祀る日として凶礼化する一方、それとの対照で、正月が極端に「めでたさ」の追求される吉礼に変化したというのは、日本民俗学の父である柳田國男の説である。しかし祖霊を祀るという意味が忘れられると、年神は陰陽道の影響もあって、年の初めに一年の幸福をもたらす福神と見なされていった。

さらに近代に至って、太陰暦から太陽暦に改暦されると、同じ年の改まる機会であった立春、つまり節分の重要性が低下する一方、元日がその重みを増して、年の初めとしての「めでたさ」がより強調され、初詣の習慣が成立していったのだ。

だから、盆と同様に正月もまた先祖供養の年中行事なのである。

（二〇一九年一月）

茶道にある「死者への想い」

正月に初釜を行った。初釜とは、新年に行われる茶道のお茶会のことだ。じつは、わが社の会長である父は茶道家でもあるのだが、流派は小笠原家茶道古流だ。

茶道の流派といえば、千利休から始まる表千家、裏千家、武者小路千家が三千家として有名だが、小笠原家茶道古流は、わび茶の開祖と称される村田珠光の弟子である古市胤《ふるいちいん》栄《えい》、古市澄胤《ちょういん》兄弟に始まる茶道古市家の流れをくむ、千利休以前に成立した流派だ。古市家の後裔《こうえい》が江戸時代、小笠原総領家（小倉藩主）の茶道頭をつとめたため、小笠原家茶道古流の祖として名があげられる。

小倉に本社を置くわが社では、茶道の精神を体現できる「お茶のある人」になるため、多くの社員が稽古に励んでいる。拓殖大学の呉善花《オ・ソンファ》教授によれば、一回の茶道の稽古は、現在多くの企業で行われている研修一〇回分に相当するという。

一般的な通り一遍の社員研修とは違い、茶道の稽古は、おもてなしの修行、礼儀作法の修行、人間の修行となる。茶道は茶室という狭い空間での主客のふるまいが中心になっているが、そうした息づかいまで聞こえるような距離でお互いが接し合うことで、感覚が研ぎ澄まされ、相手が何を求めているかを自然に察知できる感性が身についてくる。

まさに、茶道とは、日本人の「おもてなし」における核心なのである。

茶で「もてなす」とは何だろうか。それは、最高のおいしいお茶を提供し、最高の礼儀をつくして相手を尊重し、心から最高の敬意を表することに尽きる。そこに「一期一会」という究極の人間関係が浮かび上がってくる。人との出会いを一生に一度のものと思い、相手に対し最善を尽くしながら茶を点《た》てることを「一期一会」と最初に呼んだのは、利休の弟子である山上宗二《やまのうえそうじ》である。「一期一会」は、利休が生み出した「和敬清寂《わけいせいじゃく》」の精神とともに、日本が世界に誇るべきハートフル・フィロソフィーであると言えるだろう。

茶の湯は戦国時代に大きく発展し、今日に続く姿になった。かつて戦国の世に、武将たちは僧侶とともに茶の湯と立花の専門家を戦場に連れていった。戦の後、死者を弔う卒塔婆が立ち、また茶や花がたてられた。茶も花も、戦場で命を落とした死者たちの魂を慰め、生き残った者たちの荒んだ心を癒やしたのだ。今でも、仏壇に茶と花を手向けるのはその名残である。わたしは、すべての文化の根底には「死者への想い」があると考えているが、そうした背景を考えたとき、まさに茶道や華道といった日本文化がその代表であると言えるのだと思う。

（二〇二〇年一月）

国学を通じ「日本人とは何か」を求める

　本来、正月は盆と同様に祖霊祭祀の機会であったことは、お隣の中国や韓国の正月行事を見ても容易に理解できる。つまり、正月とは死者のための祭りなのだ。日本では仏教の深い関与で、盆が死者を祀る日として凶礼化する一方、それとの対照で、正月が極端に「めでたさ」の追求される吉礼に変化した。「日本民俗学の父」である柳田國男の説だ。

　二〇一五年一一月、わたしは東京の渋谷にある國學院大學で、「終活を考える」という特別講義を行った。一般社団法人全日本冠婚葬祭互助協会および互助会保証株式会社の共催によるオープンカレッジ特別講座「豊かに生きる　人生儀礼の世界」の最終回だった。

　わたしの父であるサンレーグループの佐久間進会長は國學院の出身であり、日本民俗学が誕生した昭和一〇年に生を受けている。また、佐久間会長は亥年だが、ともに國學院の教授を務めた日本民俗学の二大巨人・柳田國男と折口信夫の二人も一回り違う亥年生まれなのだ。佐久間会長が國學院で日本民俗学を学び、そのまさに中心テーマである「冠婚葬祭」を生業としたことには運命的なものを感じる。わたし自身も、佐久間会長から思想と事業を受け継いでおり、幼少のころから日本民俗学の薫りに触れてきた。

　この「國學院」の「国学」とは、「日本人とは何か」を追究した学問である。

　江戸時代に契沖・荷田春満・賀茂真淵・本居宣長・平田篤胤らが現れ、『古事記』『万葉集』をはじめとする日本の古典について深く研究した。国学者たちは古典の研究を通して「日本および日本人」を研究したのである。特に本居宣長は、神代から伝わる神の御心のままで人為を加えない日本固有の道としての「惟神《かむながら》の道」を求めた。生涯に一万首の歌を詠み、日本的な美的感性としての「もののあはれ」を論じたことでも有名だ。

　また、近年になって再評価の著しい平田篤胤は、天狗のもとで五年間修行してきたという「仙童」寅吉や、前世の記憶を鮮明に覚えている「生まれ変わり少年」の勝五郎、江戸時代の「妖怪大戦争」である『稲生《いのう》物怪録《もののけろく》』といった超常現象や怪奇現象を真面目に研究した希代のスピリチュアリストだった。それと同時に、篤胤は夢の中で本居宣長に弟子入りするほどの宣長の信奉者であり、彼の国学は復古神道の流れを継いだ「平田国学」として幕末における尊王攘夷の志士たちの思想的よりどころとされた。

　「日本人とは何か」を追究するという国学の志を受け継いだのが、「新国学」とも呼ばれた日本民俗学だ。柳田國男をパイオニアとする日本民俗学は、ヨーロッパのフォークロアや歴史学や民族学などとともに、国学をその祖先の一つとした。江戸時代における国学は「わたしたちはどうしてここにあるのか」という日本人のアイデンティティーを求めるべく『古事記』をはじめとした古典研究を続けていった。一方で、明治以降の西洋の文物や思想の流入、そして変化する生活を前にして、やはり日本人のアイデンティティーを求めていったのである。

柳田國男と並ぶ日本民俗学の巨人が折口信夫である。柳田は『遠野物語』のような民間伝承から日本人の生活文化全体を研究し、最後は『海上の道』で日本人のルーツを追った。折口は、本居宣長と同じく歌人でもあり、古代的世界にその心を置きながら「マレビト」「常世」「神の嫁」など、独自の用語を駆使しながら独特な学問世界を切り開いた。

「無縁社会」などと言われる現在、日本人の原点を見直す意味でも日本民俗学の再評価が必要だと思う。敗戦の色濃い昭和二〇年の春、柳田は敗戦によって日本人の血縁や地縁が崩壊し、戦争で死にゆく若者たちを誰も供養しなくなるのではないかと危惧しつつ、名著『先祖の話』を書いた。その七〇年後、日本は柳田が危惧した通りの社会になった。

わたしの本業である冠婚葬祭互助会の使命とは、日本人の原点を見つめ、日本人を原点に戻すこと、日本人を幸せにすることだと考える。いわば、日本人を初期設定に戻すことが必要ではないかと思うのである。結婚式や葬儀の二大儀礼をはじめ、宮参り、七五三、成人式、長寿祝いなどの「冠婚葬祭」、そして正月や盆に代表される「年中行事」

……、これらの文化の中には、「日本人とは何か」という問いの答えが詰まっている。

例えば、結婚式ならびに葬儀の形式は、国により、民族によって、きわめて著しく差異がある。これは世界各国のセレモニーには、その国の長年培われた宗教的伝統や民族的慣習などの「民族的よりどころ」というべきものが反映されているからだ。

結婚式ならびに葬儀に表れたわが国の儀式の源は、小笠原流礼法に代表される武家礼法に基づくが、その武家礼法の源は『古事記』に代表される日本的よりどころである。『古事記』に描かれたイザナギ、イザナミの巡り会いに代表される陰陽両儀式のパターンが後醍醐天皇の室町期以降、今日の日本的儀式の基調となって継承されてきたのだ。

儀式という「文化の核」には、その民族を幸福にする力がある。

わたしは、冠婚葬祭で日本人を幸せにしたいと願っている。


（二〇一六年二月）

八月は死者を想う月

「供養」とは、死者と生者とのコミュニケーションの問題ではないだろうか。

今年も八月がやってきた。　日本人全体が死者を思い出す月である。六日の「広島原爆の日」、九日の「長崎原爆の日」、一二日の御巣鷹山《おすたかやま》の日航機墜落事故の日、一五日の「終戦の日」。このように、三日置きに日本人にとって忘れられない日が訪れる。

そして、それはまさに日本人にとって最も大規模な先祖供養の季節である「お盆」の時期とも重なる。まさに八月は「死者を想う月」と言えるだろう。

人類の文明も文化も、その発展の根底には「死者への想い」があったと考える。約七万年前に死者を埋葬したとされるネアンデルタール人たちは「他界」の観念を持っていたとされる。「ホモ・サピエンス」と呼ばれるわたしたち現生人類にも受け継がれている。

埋葬という行為には人類の本質が隠されているように思える。それは、古代のピラミッドや古墳を見てもよく理解できるのではないだろうか。埋葬は文化のシンボルであり、お墓は文明のシンボルであると思えてならない。拙著『唯葬論』(三五館、サンガ文庫)

では、葬儀とは人類の存在基盤であるという考えを展開した。

さて、多くの人にとって、死者の具体的なイメージとは「先祖」ではないか。

その先祖を供養する最大の行事が「お盆」である。「盆と正月」という言葉が今でも残っているくらい、「お盆」は過去の日本人にとっての楽しい季節の一つだった。年に一度だけ、亡くなった先祖たちの霊が子孫の家に戻ってくると考えたからである。

古来、日本人は先祖の霊によって守られて初めて幸福な生活を送ることができると考えていた。先祖に対する感謝の気持ちが供養という形で表されたものこそ「お盆」である。先祖を迎えるために迎え火を燃やし、各家庭にある仏壇でおもてなしをしてから、再び送り火によってあの世に帰っていただこうという風習は、現在でも盛んだ。

どんな人間にも必ず先祖はいる。しかも、その数は無数といってもよいだろう。その無数の先祖たちの血が、たとえそれがどんなに薄くなっていようとも、必ず子孫の一人である自分の血液の中に流れているのである。

「おかげさま」という言葉で示される日本人の感謝の感情の中には、自分という人間を自分であらしめてくれた直接的かつ間接的な原因のすべてが含まれている。そして、その中でも特に強く意識しているのが、自分という人間がこの世に生まれる原因となった「ご先祖さま」なのである。


（二〇一八年八月）

お盆は休みのためにある？

お盆といえば、多くの人は「お墓参り」を思い浮かべるだろう。

お墓参りは、先祖を偲び供養するために、お盆には欠かせない行事だった。

ところが現在、お盆は夏季休暇のひとつになってしまっているのではないだろうか。

たしかに「お盆休み」という言い方で、日本人は夏休みを取る習慣がある。「休み」というと、西洋的な考え方ではバカンスというか、リフレッシュするという意味合いが強いわけだが、日本においては「帰省」という言葉に代表されるように、故郷に帰る意味が込められていた。お盆休みとは、まさに、子孫である孫たちを連れて、先祖（祖父母を含む）に会いに夫の故郷へ帰るというものだったのだ。

ところが、こうした風習も今、不合理ということで変化してきた。同じ時期にみんなで休めば、電車や飛行機といった交通機関は混む上に高額、ということで分散するようになり、家族旅行は夫の故郷への帰省ではなく、国内や海外への家族旅行になっている。

おばあちゃんが孫のためにつくった郷土料理は、いつの間にかファミレスのハンバーグになり、回転寿司になってしまった。こうしたことも、先祖や家族との結びつきを希薄にしているのではないだろうか。そんな気がしてならないのである。

「家」の意識などというと、良いイメージを抱く人は少ないかもしれない。そうした背景もあってか、戦後の日本人は、「家」から「個人」への道程をひたすら歩んできた。

冠婚葬祭を業としているわたしたちから見ると、その変化がよくわかる。

たとえば結婚式。かつては「○○家・△△家結婚披露宴」として家同士の縁組みが謳《うた》われていたものが、今ではすっかり個人同士の結びつきになっている。

葬儀も同様だ。次第に家が出す葬儀から個人葬の色合いが強まり、中には誰も参列者がいない孤独葬という気の毒なケースも増えてきているのが現実だ。

たしかに戦前の家父長制に代表される「家」のシステムは、日本人の自由を著しく拘束してきたと思う。なにしろ「家」の意向に反すれば、好きな職業を選べず、好きな相手と結婚できないという非人間的な側面もあったわけだから。その意味で、戦後の日本人が「自由」化、「個人」化してきたこと自体は悪いことではないと思う。

でも、「個人」化が行き過ぎたあまり、とても大事なものを失ってしまったのではないだろうか。それは、先祖や子孫への「まなざし」ではないかと思う。

（二〇一九年九月）

彼岸は「お墓参りの日」

九月にはお彼岸がある。二〇日に彼岸入り、二三日が「秋分の日」で、二六日が彼岸明けである。彼岸は浄土思想に由来する。阿弥陀如来が治める極楽浄土（西方浄土ともいう）は、西方の遥か彼方にあると考えられていた。そのため、真西に太陽が沈む春分・秋分の日は夕日が極楽浄土への「道しるべ」となると考えられていたのである。

極楽浄土への道を「白道《びゃくどう》」といい、信じて進めば、必ず極楽浄土に至るという信仰が生まれ、現在に至っている。お彼岸は春分、秋分の日に当たり、昼夜の長さが等しくなることから釈迦の教えである偏りのない考え方「中道《ちゅうどう》」を表すとも言われている。本来の意味は、煩悩を脱した悟りの境地のことを言う。三途の川をはさんで、こちら側（人間）の世界を「此岸《しがん》」と呼び、向こう側（仏様）の世界を「彼岸《ひがん》」と呼ぶのである。

彼岸は、パーラミター（波羅蜜）という梵語の漢音写で「到彼岸《とうひがん》」と訳される。「此の迷いの岸である現実の世界から、彼の悟りの岸である仏の世界へ到達する」という意味もある。今年の春彼岸は、三月一八日～二四日、秋彼岸は九月二〇日～二六日というふうに、三月の「春分の日」と、九月の「秋分の日」の前後三日間の計七日間、もしくはこの期間に行われる。この七日間にも理由がある。すなわち、最初の三日は父方の供養、後の三日間は母方の供養、中の一日は水子、子どもの供養をする日なのである。

お彼岸の間、仏壇を美しく整え、花、供物を供え、線香、灯明をあげ、お参りする。お墓参りはお盆、春秋のお彼岸、故人の命日、正月などに行うのが一般的だが、それ以外の日にもできるだけお参りするのが望ましいとされる。お墓参り、あるいは法要など、親戚一同が集まることで、人は一族という「つながり」を知るのである。社会の最小単位は家族であり、血縁だ。それが脈々とつながっているのが先祖なのである。

ところで、「お盆休み」という言葉が死語になりつつある。「お盆休み」の意味は、夏の休暇は「故郷へ帰る」というはっきりした目的があった。単なる休みではない。

お彼岸も同じだ。せっかく春分、秋分という国民の休日になっているにもかかわらず。まったく別の目的で使われている。ほかの休日がはっきりした目的が表れているネーミングなのに比べ、たしかに春分、秋分は昼と夜の長さが同じというだけである。

「それがどうした？」と言われてしまいそうだが、「お墓参りの日」とか「お彼岸の日」と改めてみてはどうだろうか？

（二〇一八年九月）

月と死のセレモニー

みなさんは、中秋の名月を楽しまれただろうか？

秋は月見の季節。多くの日本人が秋の夜空に浮かんだ月を眺めることだろう。

中秋の名月の頃、北九州市八幡西区にあるサンレーグランドホテルで、「隣人祭り　秋の観月会」というイベントが開催された。そこで満月に向かってレーザー光線が放たれるという儀式のデモンストレーションが実施された。「月への送魂」という。

わたしが長年にわたって提唱し、『ロマンティック・デス』（国書刊行会、幻冬舎文庫）をはじめとする一連の著書でも紹介している新時代の葬送儀礼なのだが、今回はその背景にある考え方をお話ししたい。多くの民族の神話と儀礼において、月は死、もしくは魂の再生と関わっている。いつも形が変わらない太陽と違って、規則的に満ち欠けを繰り返す月が、死と再生のシンボルとされたことは自然だろう。

ブッダは満月の夜に生まれ、満月の夜に悟りを開き、満月の夜に亡くなったとされている。ミャンマー、タイ、スリランカといった東南アジアを中心にした上座部仏教の国々では今でも満月の日に祭りや反省の儀式を行う。仏教とは、月の力を利用して意識をコントロールする「月の宗教」だと言えるかもしれない。仏教のみならず、神道にしろ、キリスト教にしろ、イスラム教にしろ、あらゆる宗教の発生は月と深く関わっている。月は「万教同根」のシンボルなのだ。

また、わたしたちの肉体とは星々のかけらの仮の宿だと言える。入ってきた物質は役目を終えていずれ外に出てゆく、いや、宇宙に還っていく。宇宙から来て宇宙に還るわたしたちは、宇宙の子なのだ。夜空にくっきりと浮かび上がる月は、あたかも輪廻転生の中継基地そのものではないだろうか。人間も動植物も、すべて星のかけらからできている。その意味で月は、生きとし生ける者すべてのもとは同じという「万類同根」のシンボルだ。

かくして、月に「月面聖塔」という地球人類の慰霊塔（ムーン・パゴダ）を建立し、レーザー（霊座）光線を使って、地球から故人の魂を月に送るという計画をわたしは思い立ち、実現をめざしている。レーザー光線は宇宙空間でも消滅せず、本当に月まで到達する。わたしは「霊座」という漢字を当てた。レーザーは霊魂の乗り物だと思っているからだ。

「月への送魂」によって、わたしたちは人間の死のひとつひとつが実は宇宙的な事件であることを思い知るだろう。この「月と死のセレモニー」こそは、グローバル時代における新しい供養の「かたち」だと思っている。

（二〇一八年一〇月）

ハロウィンは死者の祭り

昨日二〇一八年一〇月三一日は、ハロウィンだった。今年は暴徒が大暴れした東京の渋谷をはじめ、全国で多くの若者たちが仮装して大いに盛り上がった。

ハロウィンはもともとキリスト教における「万聖節《ばんせいせつ》」の前夜祭で、日本では「お盆」に近い年中行事である。仮装した子どもたちが「お菓子をくれなきゃ、いたずらするぞ！」と言いながら、近所の家を訪問する。かぼちゃをくりぬき、中にろうそくを灯した「ジャック・オウ・ランタン」が有名だ。戦後、日本人は多くの新しい年中行事を作り、あるいは受け入れてきた。その代表的なものこそ、クリスマス、バレンタインデー、そしてハロウィンだ。

クリスマスがごく普通に行われるようになったのは、昭和三〇年代以降という。バレンタインはもう少し遅く、四〇年代の終わりくらいから。それらの新しい年中行事からさらに遅れたハロウィンは、一〇年前は、今のような盛況ぶりは考えられなかった。

ハロウィンほど一気に日本列島に浸透した海外イベントも珍しいと言える。ただ最近では、ハロウィン以外にも、イースター、聖パトリックデー、サンクスギビングデー、ボスの日、セクレタリーの日、あるいはサン・ジョルディの日など、本来、日本の年中行事にはなかった記念日や年中行事の露出が目立ってきた。年中行事のカタカナ化は、外来の行事の輸入にとどまらない。近年では「七夕」を「ラブ・スターズ・デー」や「サマー・バレンタイン」などと称して宣伝する店もある。

カタカナ行事の〝王様〟であるクリスマスは、日本のお盆と同じく、死者をもてなす祭りである。クリスマス・イヴの晩餐とは、もともと死者に捧げられた食事であり、この食卓では招待客が死者で、子どもたちは天使の役目を果たしている。天使たち自身も、じつは死者なのである。昔のヨーロッパのクリスマスでは、子どもたちが死者の代理人として大人の家庭を訪ね歩く習慣があった。この習慣が、アメリカのハロウィンに受け継がれた。

Ｔ・Ｍ・Ｒｅｖｏｌｕｔｉｏｎの西川貴教氏が、ツイッターで、日本におけるハロウィンの捉え方について苦言を呈していた。彼は「やっぱ本来のハロウィンで仮装するのは小さな子どもたちで、大人がコスプレして我がもの顔でねり歩いたりするもんじゃないんですよね」と、ハロウィン本来が持つ意味を自身の中で再考。そして、「日本で言えばお盆みたいなもんなんだから、クリスマス同様家族で過ごすものなんだなと改めて思う ヒースロー空港なう」と綴り、家族が一緒になり静かに時間を過ごすことの大切さを説いた。まったく同感である。

（二〇一八年一一月）

交霊術としての読書

わたしは、読書という行為は死者と会話をすること、すなわち交霊術だと考えている。というのは、著者は生きている人間だけとは限らない。むしろ古典の著者は基本的に亡くなっている。つまり、死者である。死者が書いた本を読むという行為は、じつは死者と会話しているのと同じことである。読書とはきわめてスピリチュアルな行為なのである。

わたしは、三島由紀夫の小説を読むときは「楯の会」の制服を着た三島が、小林秀雄の評論を読むときは仕立ての良いスーツを着た小林が目の前にいることを想像する。古代の人でも同じだ。『論語』を読むときは孔子が、プラトンの哲学書を読むときはローブ姿のプラトンが目の前に座って話してくれるシチュエーションをイメージする。

ある著者を気に入ると、その著者が書く本すべてが面白くなることがある。それは個別の作品ではなく著者そのものに関心を持てている状態である。著者に関心を持つというのは、大切な態度で、そのとき読者は著者の魂と共鳴しているのである。魂が共鳴する著者が死者ならば、これはもう「交霊術」と呼ぶほかはないではないか。

さらに、読書には死の不安をなくす力もある。人間にとって最大の不安は「死」にほかならない。その正体がわかないがゆえ、人間は「死」に対して限りない恐怖を感じている。

誰でも、死ぬのは怖い。しかし、「死」について書かれた本を読むことで、ある程度、その恐怖は軽減される。あえて意識的に「死」を考えることによって、「死」は主観から客観へとシフトし、距離を置いて自らの「死」を見ることができるのである。

人類の歴史の中で、ゲーテほど多くのことについて語り、またそれが後世に残されている人間はいないとされているそうだが、彼は年をとるとともに「死」や「死後の世界」を意識し、霊魂不滅の考えを語るようになった。『ゲーテとの対話』では、聞き手であるエッカーマンに対して「私にとって、霊魂不滅の信念は、活動という概念から生まれてくる。なぜなら、私が人生の終焉まで休みなく活動し、私の現在の精神がもはやもちこたえられないときには、自然は私に別の生存の形式を与えてくれるはずだから」（木原武一訳）と語っている。これほど、読書するわたしを勇気づけてくれる言葉はない。

『ゲーテとの対話』はわたしの愛読書の一つだが、読むたびにゲーテの霊がわたしの眼前に座っているような気がしてならない。ちなみに、秋の読書週間に合わせて、『心ゆたかな読書』（現代書林）という古今東西の名著のブックガイドを刊行した。ご一読下されば幸いである。

（二〇二一年一一月）

児童虐待と供養と七五三

二〇二一年の七月に日本における儒教研究の第一人者で大阪大学名誉教授の加地伸行先生と対談をさせていただいた。その対談の中で児童虐待の話題が出た。

児童虐待で幼い命を落とす子どもたちが後を絶たないが、加地先生ご夫妻はその子たちの供養をご自宅でされているという。加地先生は、著書『令和の「論語と算盤《そろばん》」』（産経新聞出版）で、「私ども老夫婦は、家の仏壇にこの子たちの紙牓《しぼう》（紙位牌）を立て、涙ながらに供養をし続けている。真言宗信者の作法に従い、般若心経一巻、光明真言をはじめとして諸真言を誦《しょう》し奉る。わけても、地蔵菩薩の御真言『おんかかかびさんまえいそわか』――それは声にならなかった。幸薄く去ってゆくあの子たちに対して、この老夫婦ができることは、ひたすら菩提を弔い、供養を続けるほかない。私どもになにができようか」と書いておられる。わたしは、これを読んで感動した。そして、縁もゆかりもない気の毒な子どもたちにそこまでの情けをかけ、誠を捧げられる著者ご夫妻に心から尊敬の念を抱いた。

冠婚葬祭業を営むわたしは、児童虐待のニュースに接するたびに、いつも「この子は七五三を祝ってもらえたのだろうか？」と思う。拙著『ご先祖さまとのつきあい方』（双葉新書）に詳しく書いたが、古来わが国では「七歳までは神の内」という言葉があった。

また、七歳までに死んだ子どもには正式な葬式を出さず仮葬をして家の中に子ども墓をつくり、その家の子どもとして生まれ変わりを願うといった習俗があった。

子どもというものはまだ霊魂が安定せず「この世」と「あの世」の狭間にたゆたうような存在であると考えられていたのである。七五三はそうした不安定な存在の子どもが次第に社会の一員として受け入れられていくための大切な通過儀礼だ。そして、親がわが子に「あなたが生まれたことは正しい」「あなたの成長を世界が祝福している」と言うメッセージを伝える場にほかならない。ならば、親がいない子の場合は、周囲の大人がそれを行うべきであろう。

「人間尊重」のミッションを掲げているわが社では、児童養護施設のお子さんたちに七五三祝いを贈る活動を行っている。具体的には晴れ着を無料レンタルし、プロのカメラマンが写真を撮影してプレゼントするのである。施設で成人となる方には、成人式の晴れ着を無料レンタルし、写真をプレゼントする。「サンレー」という社名には太陽光という意味があるが、万物に光を降り注いで生命エネルギーを与える太陽のように、わが社はすべての方々に儀式を提供したいという志を抱いている。

（二〇二二年一月）

クリスマスはイエスの誕生日ではない

一二月といえば、クリスマス。いま、街中はクリスマス一色である。現在は前日のクリスマス・イヴに押されているとはいえ、イエス・キリストの誕生日として年間最大のイベントとされる。世界中の家族や仲間や恋人同士がこの日を祝う。

しかし、この日はイエスの本当の誕生日ではない。三世紀までのキリスト教徒は、一二月二五日をクリスマスとして祝ってはいなかった。彼らは、後にキリスト教会の重要な祝日となるこの日に、集まって礼拝することもなく、キリストの誕生を話題にすることもなく、ほかの日と何の変わりもなく静かに過ごしていた。キリスト教にとってこの日が特別な意味を持つようになるのは、四世紀初頭以降のことである。

これに対して、同じ頃、まだキリスト教を受け入れていなかったローマ帝国では、一二月二五日は太陽崇拝の特別な祝日とされていた。当時、太陽を崇拝するミトラス教が普及しており、その主祭日が「冬至」に当たる一二月二五日に祝われていたのである。

また、真冬のクリスマスとは死者の祭であった。人類学者のクロード・レヴィ＝ストロースと中沢新一氏の共著『サンタクロースの秘密』（せりか書房）に詳しいが、冬至の時期、太陽はもっとも力を弱め、人の世界から遠くに去る。そのとき、生者と死者の力関係のバランスの崩壊を利用して、生者の世界には、おびただしい死者の霊が出現するのだ。

生者はそこで、訪れた死者の霊を、心を込めてもてなし、贈り物を与えて、彼らが喜んで立ち去るようにしてあげる。その死者の霊の代理を生者の世界でつとめたのが子どもだった。子どもとは霊界に近い存在だったからだ。大人たちは、子どもたちを通じて死者への贈り物をしなければならなかった。そこで、サンタクロースの存在が必要となり、それは「遠方からやってくるやさしい老人」でなければならなかった。子どもに贈り物を渡す仲間には、同じく霊界に近い存在、すなわち老人の存在が必要となるわけだ。

昔のクリスマスでは、大人は子どもにお供物やお菓子を贈り、そのお返しに、子どもは大人たちの社会に対して来年の豊穣を約束した。現在、大人はサンタクロースというファンタジーを通して、子どもにオモチャやお菓子のプレゼントをする。そしてそのお返しに、子どもは大人に幸福な感情を贈る。クリスマスにおいて、生者と死者の霊の間には、贈り物を通して霊的なコミュニケーションが発生しているのである。

このように日本のお盆にも似て、クリスマスとは死者をもてなす祭だったのである。

というわけで、今は亡き人を想って、メリー・クリスマス！


（二〇一八年一二月）

第4章

忘れてはいけない供養の日

列島を襲った震災、多くの犠牲を出した先の大戦……。
供養を忘れてはいけない「人」と「日」がある。

一一年目の3・11

二〇二二年三月一六日の二三時三六分頃、福島県沖で震度六強の地震が発生した。地震といえば、その五日前の三月一一日、あの東日本大震災の発生から一一年目を迎えた。その日、わたしは、東京・四谷にある上智大学のキャンパスに向かった。ここの六号館で開かれる「実践宗教学研究科シンポジウム」に参加するためであった。

このシンポジウムでは、日本の宗教学をリードしてこられた島薗進先生、鎌田東二先生、伊藤高章先生の三人が上智大教授を退任されるにあたっての最終講義が行われたのである。島薗先生はグリーフケアの師であり、鎌田先生は魂の義兄弟であり、伊藤先生は全互協（全日本冠婚葬祭互助協会）グリーフケアPTで発足させた「グリーフケア資格認定制度」の創設と運営にひとかたならぬご尽力をいただいている。大変お世話になっている方々ばかりなので、「いざ、四谷！」と出張先の長崎から博多を経て駆けつけた。

トップバッターは伊藤先生で、「強者へのケアはあり得るか？」という問題提起をされた。それを聞いたわたしは「いま、世界中で最もケアが必要なのはプーチン大統領ではないか」と思った。また、伊藤先生の「悲嘆とは失ったものの大きさの裏返しです。悲嘆を抱えないための唯一の方法は、誰も愛さないことです」との発言が心に残った。

次に、島薗先生が「愛」「仁」「慈悲」「絆」「和」などポジティブな人と人との関わりについてのキー・コンセプトは「ケア」と関わりがあると発言され、非常に印象的だった。

最後の鎌田先生の登壇時間は一四時四五分からで、まさに東日本大震災の発生時間の直前だった。冒頭、鎌田先生は聴講者一同に黙祷を呼びかけられた。当然ながら東日本大震災犠牲者への追悼の黙祷かと思ったが、鎌田先生は「ウクライナ、コロナ、東日本大震災をはじめとした自然災害で命を落とされたすべての方々のために」と言われた。わたしは静かな感動をおぼえるとともに、「鎌田先生らしいなあ」と思った。

そう、黙祷とは、ある災害や戦争や事件や事故などの発生時間に行うものだが、それはその災害・戦争・事件・事故の犠牲者だけでなく、すべての死者を想う行為なのだ。すなわち、供養こそ平和なのである。鎌田先生は儀式についても語られ、「リアルからいったん離れて、あえてフィクションの世界に身を投じる」ことが儀式の本質であると指摘された。

つねづね葬儀について考え続けているわたしも、これには膝を打った。

そう、儀式という営みは物語の世界なのである。東日本大震災から一一年目の「3・11」は大いなる学びの日であった。


（二〇二二年四月）

のこされた　あなたへ

二〇一九年も「3・11」がやってくる。東日本大震災の発生から八年目となる今年は、平成最後の「3・11」でもある。二〇一一年三月一一日は、日本人にとって決して忘れることのできない日となった。三陸沖の海底で起こった巨大な地震は、信じられないほどの高さの大津波を引き起こし、東北から関東にかけての太平洋岸の海沿いの街や村々に壊滅的な被害をもたらし福島の第一原子力発電所の事故も引き起こした。亡くなった方は一万五八九七人、いまだ二五三四人の行方がわかっていない。さらには約五万三〇〇〇人もの方々が今も避難生活を送っておられる。未曾有の大災害は現在進行形で続いている。

大津波の発生後、しばらくは大量の遺体は発見されず、多くの行方不明者がいた。火葬場も壊れてしまい土葬が行われた。海の近くにあったお墓も津波の濁流に流された。葬儀ができない、遺体がない、お墓がない、遺品がない、そして、気持ちのやり場がない……、まさに「ない、ない」尽くしの状況は、東日本大震災のダメージがいかに甚大であり、かろうじて助かった被災者の方々の心にも大きなダメージが残されたことを示している。

現地では毎日、「人間の尊厳」が問われた。亡くなられた犠牲者の尊厳と、生き残った被災者の尊厳がともに問われ続けたのである。前年に流布した「葬式は、要らない」という妄言は、大津波とともに流れ去ってしまった。

わたしは、東日本大震災で愛する人を亡くした人たちのことを考えた。わが社が取り組んできたグリーフケア活動をさらに推進させ、上級心理カウンセラーの資格を多くの社員が取得した。わたし自身も、さらにグリーフケアについての研究を重ねた。二〇一二年七月には京都大学で「東日本大震災とグリーフケアについて」を報告する機会も与えていただいた。わたしにとって、まことに貴重な経験となった。そして、愛する人を亡くし、生き残った方々は、これからどう生きるべきか。そんなことを考えながら、わたしは『のこされた　あなたへ』（佼成出版社）というグリーフケアの本を書いた。

もちろん、どのような言葉をおかけしたとしても、亡くなった方が生き返ることはないし、残された方の悲しみが完全に癒えることもない。しかし、少しでもその悲しみが軽くなるお手伝いができないかと、わたしは心を込めて、ときには涙を流しながら同書を書き上げた。同書の内容は上智大学グリーフケア研究所の特別講義でも言及し、昨年わたしは同研究所の客員教授に就任した。これからも、「のこされた　あなたへ」の言葉を考え続けていきたい。

（二〇一九年三月）

「追悼」と「記念」、「周年」と「年」

二〇一九年三月一一日は、東日本大震災の発生から八年目の日だった。

当日は全国で大小さまざまな追悼の行事が催されたが、東京では、国立劇場で内閣府主催にて「東日本大震災八周年追悼式」が行われた。平成最後の追悼式典に冠婚葬祭業界の代表として参列した。式典はやはり荘厳そのものだったが、「開式の辞」で追悼式実行副委員長の菅義偉官房長官が「ただ今より、東日本大震災記念式典を行います」と宣言したのには仰天した。「追悼式典」を「記念式典」と言い間違えたわけである。厳粛なセレモニーの冒頭で痛恨のミスだったが、わたしは「八周年」という表現にも違和感があった。なぜなら、「周年」というのは創業とか結婚とか、祝いのイメージがあるからである。それゆえに原爆の日や終戦の日に「周年」を使うのも違和感をおぼえる。悲劇の場合は「〜周年」ではなく「〜年」がふさわしいように思う。

また、実行委員長・主催者である安倍晋三総理の式辞は、犠牲者への鎮魂や慰霊の言葉というよりも、残された被災者の方々への復興の現状の説明が多く、なんだか政策アピールのように感じられた。もっと、死者への言葉が聞きたかった。一方で、遺族や被災者の方々の「ことば」はいずれも死者へのメッセージで、非常にリアルであり、亡くなった家族への情愛がこもっており、聴いていておのずと涙が流れてきた。

そして、退場時に福島県遺族代表の高齢男性が階段につまずいて転びそうになったとき、同じく福島県の被災者の女性がさりげなく支えてあげた姿に感動した。極限の経験をされた方の心の優しさを見せていただいたように思う。

それにしても、このような追悼式を行うことは素晴らしいことである。

この日は一五〇を超える諸外国の関係者も参列されていたが、オリンピックが「人類の祭典」なら、このような追悼式も「人類の典礼」であると思った。世界中の多くの人々が犠牲者のために献花する姿を見て、「生者は死者とともに生きている」「人間とは死者を弔う存在である」と改めて痛感した。

もうすぐ平成が終わるが、三〇年におよぶ平成の歴史の中で、最大の出来事はやはり東日本大震災であろう。大震災の被災者の方々は、多くのものを喪失した、いわば多重喪失者である。家を失い、さまざまな財産を失い、仕事を失い、家族や友人を失った。しかし、数ある悲嘆の中でも、愛する人の喪失による悲嘆の大きさは特別だ。グリーフケアとは、この大きな悲しみを少しでも小さくするためにあるのだ。

（二〇一九年四月）

遺体を前に葬儀をあげられる幸せ

二〇二一年三月一一日の東日本大震災発生一〇年を前に、宮城県東松島市で見つかった遺体の身元が、震災で行方不明となっていた六一歳の女性と判明した。

警察によれば、二月一七日に、東松島市野蒜《のびる》にある会社の敷地内で、白骨化した遺体を発見したという。警察が、歯形やDNA鑑定で身元の確認作業を進めたところ、東日本大震災で被災し行方がわからないままになっていた東松島市野蒜の奥山夏子さん（当時六一歳）と判明した。宮城県警のまとめでは、県内ではいまも一二二五人もの行方がわからないままだという。それを知って、非常に心が痛んだ。

これまでに日本で発生した多くの自然災害の中でも、東日本大震災における遺体確認は困難を極めたという。津波によって遺体が流されたことも大きな原因の一つで、同じ震災でも、阪神・淡路大震災のときとは事情が違っていた。これまでの日本の災害や人災の歴史を見ても、東日本大震災を「史上最悪の埋葬環境」と言った葬祭業者も多かった。

そんな劣悪な環境の中で、日夜、必死に頑張っておられたのが自衛隊の方々だった。

東日本大震災において、自衛隊は多くの遺体搬送を担った。「統合任務部隊」として、最大で二〇〇人もの隊員が「おくりびと」となったのである。遺体搬送は、自衛隊の災害派遣では初めての任務で、整列、敬礼、六人で棺を運ぶという手順を現場で決められたという。

本来は人命を守るはずの自衛隊員が遺体の前で整列し、丁寧に敬礼をする姿には多くの人が感銘を受けた。テレビなどの報道でそれを知ったわたしも同様に感動した。

そこには、亡くなった方に敬意を表するという「人間尊重」の姿があったからだ。そして、埋葬という行為がいかに「人間の尊厳」に直結しているかを痛感した。

東日本大震災では、これまでの災害にはなかった光景が見られた。

それは、遺体が発見されたとき、遺族が一同に「ありがとうございました」と感謝の言葉を述べ、何度も深々と礼をされていたことである。従来の遺体発見時においては、遺族はただ泣き崩れることがほとんどだった。しかし、東日本大震災は、遺体を見つけてもらうことがどんなに有難いことかを遺族が思い知った初めての天災だったように思える。

もちろん、家族をはじめ大切な人との死別は悲しい。でも、遺体を前に葬儀をあげることができるのは、じつは幸せなことなのである。せっかく大切な人の遺体があるにもかかわらず、葬儀をあげないことは悲しいことだと思う。人が亡くなることを不幸だとは思わないが、亡くなった人を弔わないことは不幸である。

（二〇一一年四月）

さとうきび畑とニライカナイ

二〇一九年六月二三日は、戦後七四年目の沖縄の「慰霊の日」であった。

一九四五年六月二三日に沖縄戦の組織的戦闘が終結したことにちなみ、アメリカ施政権下の琉球政府および沖縄県が定めた記念日である。毎年、この日には沖縄県糸満市摩《ま》文仁《ぶに》の平和祈念公園で沖縄全戦没者追悼式が行われる。

いわゆる沖縄戦は、一九四五年四月一日にアメリカ軍の沖縄本島上陸によって本格的に開始され、第三二軍司令官の牛島満大将（当時は中将）をはじめとする司令部が自決した日をもって組織的戦闘が終結したとされている。今年の「慰霊の日」には、石垣島にあるわが社のセレモニーホールである「石垣紫雲閣」がオープンした。

石垣紫雲閣の前には、見事なさとうきび畑が広がっている。歌手の森山良子さんが歌って有名になった『さとうきび畑』という名曲がある。作曲家の寺島尚彦さんが一九六四年に本土復帰前の沖縄を訪問した際、摩文仁の丘を観光して着想した作品だ。この歌、じつは一一連まであり、全部歌うと一〇分以上かかる。第二次世界大戦末期の沖縄戦で戦死した人々が眠る、夏のさとうきび畑に流れる風の音が繰り返される。

　第二次世界大戦を通して、沖縄の人々は日本で最も激しい地上戦を戦い抜いた。激戦であった沖縄戦において、日米両国、無数の人々が敵味方として殺し合い、そして集団自決するという悲しい事実があったことも忘れてはならない。沖縄本島と同じく、石垣島でも激しい戦闘や戦時に蔓延したマラリア等の疫病によって、多くの犠牲者が生まれたが、数え切れないほど多くの方たちが今なお「さとうきび畑」の下に眠っているという。

　名曲『さとうきび畑』の中では「ざわわざわわ」という風の音が六六回も繰り返されるが、まさに慰霊と鎮魂の歌であると心の底から思う。石垣島をはじめ、沖縄の人々は亡くなると海上の理想郷である「ニライカナイ」へ旅立つという信仰がある。わたしは、石垣紫雲閣を「魂の港」として、一人でも多くの方をニライカナイへ導いてさしあげたい。

　石垣紫雲閣の竣工式で主催者挨拶をしたわたしは、最後に「さとうきび　ざわわざわわと風に揺れ　青い空には紫の雲」という短歌を披露させていただいた。

　沖縄の方々は、誰よりも先祖を大切にし、熱心に故人の供養をされる。日本でも最高の「礼」を実現していると思っている。そう、すべての日本人は無縁社会を乗り越えるために、「本土復帰」ならぬ「沖縄復帰」するべきではないだろうか。


（二〇一九年七月）

黙祷するということ

わたしは、よく黙祷をする。特に、八月は死者を想う機会が多く、そのたびに黙祷した。黙祷とは何か。まず、それは死者に対する礼である。生者は、黙祷によって死者を尊重していることを表現する。宗教儀式のようでもあるが、特定の宗教には限定されない。このため、特定の宗教や宗派に依存しない儀式の際には、参加者それぞれの信仰に関係なく祈るという様式において用いられることが多い。

次に、黙祷とは死者の存在を再確認することである。生者と死者の関係を考えた人物に、神秘哲学者のルドルフ・シュタイナーがいる。彼は人智学という学問の創始者として知られているが、よく「人智学を学ぶ意味は、死者との結びつきを持つためだ」と語ったそうだ。死者と生者との関係は密接であり、それをいい加減にするということは、わたしたちがこの世に生きることの意味をも否定することになりかねないというのである。

さらに、黙祷とは目を閉じる行為である。わたしは、サン＝テグジュペリの『星の王子さま』に出てくる「本当に大切なことは目には見えない」という言葉を連想した。この言葉には、愛、思いやり、まごころ、信頼など、この世には目に見えなくても存在する大切なものがたくさんあり、逆に本当に大切なものは目に見えないのだという解釈がある。

また、「本当に大切なことは目には見えない」とは哲学者プラトンのいう「イデア」を指すのではないかという意見もある。イデアとは、わたしたちが目で見ている現実の世界の向こう側にある理想の世界のことだ。プラトンは、イデアの世界こそ真実の世界であり、わたしたちが見ている現実の世界はイデアの影にすぎないと考えた。

「本当に大切なこと」という言葉はフランス語では「エッサンシエル」、英語だと「エッセンシャル」で、つまり、「本質的なもの」という意味になる。それを踏まえると、目には見えない大切なものとは、イデアのことかもしれない。さらに言うなら、目では見えないけれども、魂でなら見ることができる。黙祷とは、魂でイデアを見るための技法かもしれない。

八月七日、東京五輪が閉幕した。その前日の六日が「広島原爆の日」だった。ＩＯＣは開会式以外での黙祷などのセレモニーをしないと決定したが、閉会式のラストに出演した女優の大竹しのぶさんは、自身のインスタグラムに「世界中の人が来ている今だから、一緒に黙祷できたら良かったのになあ。世界中の人が被爆国である日本にいるのだから」と記した。人類が犯した最大の罪のひとつのために、テレビを通じて世界中の人々が同時に黙祷するチャンスが失われたことは、まことに残念である。

（二〇二一年九月）

死者を忘れない

二〇一五年は、日本にとって、さまざまな意味での節目の年である。

まず、三月二〇日に「地下鉄サリン事件」から二〇年を迎えた。八月に入ると、六日には七〇回目の「広島原爆の日」、九日には同じく七〇回目の「長崎原爆の日」、続いて一二日には「御巣鷹山の日航機墜落事故」から三〇年を迎えた。一五日には、七〇回目の「終戦の日」が訪れたが、この日、わたしは東京の靖国神社を参拝し、心からの祈りを捧げた。

「日本のいちばん長い日」といわれた昭和天皇の玉音放送がラジオで流れた日から七〇年。日本はどのように変貌しただろうか。細かい点を挙げればキリがないが、大きな変化として、死者を軽んじる国になったような気がしてならない。

現代日本では通夜も告別式も行わずに遺体を火葬場に直行させて焼却する「直葬」が流行し、さらには遺体を焼却後、遺灰を持ち帰らずに捨ててしまう「0葬《ゼロ》」などというものまでが登場した。しかしながら、「直葬」や「0葬」がいかに危険な思想を孕《はら》んでいるかを知らなければならない。葬儀を行わずに遺体を焼却するという行為は「礼」すなわち

「人間尊重」に最も反するものであり、巨大な心の闇に通じている。

二〇年前の一連のオウム真理教事件の後、日本人は一気に「宗教」を忌避するようになり、「葬儀」への関心も弱くなっていった。もともと「団塊の世代」の特色のひとつとして宗教嫌いが指摘されていたが、それが日本人全体に波及したように思う。

そういった風潮に対して、わたしは、『永遠葬』（現代書林）を上梓した。葬儀によって、有限の存在である〝人〟は、無限の存在である〝仏〟となり、永遠の命を得る。これが「成仏」である。葬儀とは、じつは「死」のセレモニーではなく、「不死」のセレモニーなのである。そう、人は永遠に生きるために葬儀を行うのだ。「永遠」こそが葬儀の最大のコンセプトであり、わたしはそれを「0葬」に対抗する意味で「永遠葬」と名づけた。

さらに、わたしは『唯葬論』（三五館）を上梓した。サブタイトルは「なぜ人間は死者を想うのか」である。わたしのこれまでの思索や活動の集大成となる本だ。

わたしは、人類の文明も文化も、その発展の根底には「死者への想い」があったと考えている。約七万年前に、ネアンデルタール人が初めて仲間の遺体に花を捧げたとき、サルからヒトへと進化したとも思っている。

その後、人類は死者への愛や恐れを表現し、喪失感を癒やすべく、宗教を生み出し、芸術作品をつくり、科学を発展させ、さまざまな発明を行った。つまり「死」ではなく「葬」こそ、われわれの営為のおおもとなのである。

葬儀は人類の存在基盤だ。葬儀は、故人の魂を送ることはもちろんだが、残された人々の魂にもエネルギーを与えてくれる。もし葬儀が行われなければ、配偶者や子ども、家族の死によって遺族の心には大きな穴が開き、おそらくは自殺の連鎖が起きたことだろう。葬儀という営みをやめれば、人が人でなくなる。葬儀というカタチは人類の滅亡を防ぐ知恵なのである。そして、死者を弔う行為は「人の道」そのものなのだ。

わたしたちは、絶対に死者を忘れてはならない。


（二〇一五年九月）

終戦七〇年に思う

ようやく暑い八月が終わった。八月は、日本人にとって慰霊と鎮魂の季節だ。というのも、六日の「広島原爆の日」、九日の「長崎原爆の日」、一二日の「日航機墜落事故の日」、そして一五日の「終戦の日」というふうに、三日置きに日本人にとって重大な意味のある日が訪れるからである。そして、それはまさに「お盆」の時期と重なる。二〇一五年年は終戦七〇年という大きな節目の年であり、日本中が死者を想う日々を過ごした。

特に、わたしは九日の「長崎原爆の日」には格別の想いがある。広島に続いて長崎に落とされた原爆は、本当は小倉に落とされるはずだった。わたしの母は小倉の中心に住んでいたので、原爆が落ちていれば命はなかった。当然、わたしもこの世に生まれていない。

今年、わたしは初めて、小倉の勝山公園で行われた式典に参加させていただいた。例年この日に公園内の原爆犠牲者慰霊平和祈念碑前において「北九州市原爆被害者の会」の主催で祈念式典が開催されている。七〇年目の節目となる今年、民間企業の代表としての来賓扱いで、わたしが招待を受けた。式典の最後に、わたしは献花用の花を受け取った。

心を込めて、その花を献じた。それから、原爆犠牲者慰霊平和祈念碑に水を丁寧にかけ、礼服のポケットから数珠を取り出して犠牲者の御霊に対して心からの祈りを捧げた。そして、万感の想いを込めて「長崎の鐘」を鳴らした。

その鐘の音は、魂に響き渡るような気がした。その後、「長崎の鐘を鳴らせば　この命いま在る奇跡　涙こぼるる」という歌を詠んだ。

その六日後の一五日も忘れられない一日となった。七〇回目の「終戦の日」を迎えたこの日、わたしは東京の九段にある靖国神社を参拝した。『唯葬論』（三五館）と『永遠葬』（現代書林）の二冊の新刊を持参した。その前年は参拝までに約三〇分待ったが、今年ははるかに参拝者の数が多かった。その間、正午からは黙祷も行われた。

待つこと一時間以上、わたしが参拝する順番が回ってきた。拝殿には「国のため　命ささげし人々の　ことを思へば　胸せまりくる」という昭和天皇の御製（お歌）が掲げられていた。昭和三四年（一九五九年）の千鳥ケ淵戦没者墓苑で詠まれた歌だ。

七〇年前、昭和天皇の苦悩はいかばかりだったろう。わたしは、安倍晋三首相の公式参拝はもちろん、本来は天皇陛下がご親拝をされるべきだと思っている。二拝二拍手一拝で参拝すると、とても心が澄んだ感じがした。

わたしは、拙著『永遠の知的生活』（実業之日本社）で、「現代の賢者」と呼ばれる渡部昇一先生と対談させていただく機会に恵まれたが、そこでは「靖国問題の本質」についても意見交換させていただいた。そこで、渡部先生は「靖国神社問題は純粋に宗教の問題です。先祖、先人の霊を慰め供養するというのは、長い歴史と伝統によって培われた日本人の宗教的感情であり行為です。国のために命を捧げた人々を慰霊する靖国神社参拝は、この日本人の伝統的宗教感情の発露にほかなりません」と語られた。

また、渡部先生は、日本は「カミ文明圏」の国であると表現された。

カミ文明圏は仏教も見事に吸収してきた。しかも世界で今、仏教が盛んなのは日本だけだ。日本で広まったのは大乗仏教だが、それはカミ文明圏の中でのみ栄えた。日本には仏教系の大学がいくつかある。仏教はカミ文明圏の中で欠くべからざる重要なものになった。注意すべきは、日本が仏教文明圏になり、その中にカミが残ったのではないということだ。儒教もしかり。儒教はカミ文明圏では儒学になった。仏教同様、儒学がもっともよく残り、継承されているのがカミ文明圏の中の日本においてということになる。

朝鮮は儒教文明に屈して仏教をほとんど絶滅させたのに、今では漢字さえ使わない国になった。ここでも儒教文明圏にカミの文明圏が入ったのではなく、カミ文明圏のみが儒教を儒学として温かく抱擁している。キリスト教もカミ文明圏の中で生き続けている。

渡部先生ご自身はクリスチャンだが、伊勢神宮や出雲大社にもお参りする。最後に渡部先生は「靖国神社の問題は、カミ文明圏で考えなければいけません」と述べられた。

それを聞いて、わたしは、「カミ文明圏」とは「和の文化」と同じ意味であると思った。日本は「カミ文明圏」にして「和の文化」の国である。四季があり、春には桜が咲き、冬には雪が降る。梅雨には大雨が降り、台風が来て、雷が鳴り、地震が起こる。バラエティー豊かな自然の科学的理由を知らなかった古代の日本人たちは、自然現象とは神々をはじめとした超自然的存在のなせる業《わざ》であると信じた。そこから、多神教である神道が生まれた。

神道は日本宗教のベースといえるが、教義や戒律を持たない柔らかな宗教であり、「和」を好む平和宗教だ。天孫民族と出雲民族でさえ非常に早くから融和してしまっている。まさに日本は大いなる「和」の国、つまり大和の国であることがよくわかる。神道が平和宗教であったがゆえに、後から入ってきた儒教も仏教も、最初は一時的に衝突があったにせよ、結果として共生し、さらには習合していったわけだ。そういった日本人の信仰や宗教感覚は世界的に見てもきわめてユニークであると言えよう。

わたしは、靖国神社の参拝後、拝殿脇において、「大戦《いくさ》より　過ぎし月日は七十年《ななそとせ》　和を求めんと誓ふ靖國」という歌を詠んだ。日本人は平和を愛している。

（二〇一五年九月）

戦後七〇年を飾る映画『母と暮せば』

二〇一五年末にハートフルな日本映画を観た。

松竹一二〇周年記念作品で名匠・山田洋次監督がメガホンを取った『母と暮せば』である。この映画、戦後七〇年という「死者を想う」年の締めくくりにふさわしい名作だった。観る前から「絶対に泣く」とわかっていたわたしは、タオルハンカチを持参したが、映画館を出る頃にはビショビショになっていた。

『母と暮せば』は、原爆で壊滅的な被害を受けた長崎を舞台に、亡くなった息子が幽霊となって舞い戻る姿を描いた人間ドラマだ。日本を代表する名女優の吉永小百合が母親を演じ、息子を嵐の二宮和也が好演した。一九四八年八月九日、長崎で助産師をしている伸子（吉永）の前に、三年前に原爆で失ったはずの息子の浩二（二宮）が突然姿を見せた。母は呆然としながらも、すでに死んでいる息子との再会を喜ぶ。

『母と暮せば』は、いわゆる幽霊映画だ。しかし、その「幽霊」とは恐怖の対象ではない。あくまでも、それは愛慕の対象としての幽霊である。生者にとって優しく、愛しく、なつかしい幽霊、いわば「優霊」とでも呼ぶべき存在だ。

欧米の怪奇小説には「ジェントル・ゴースト」というコンセプトがあるが、これに怪談研究家の東雅夫氏が「優霊」という訳語を考えたのである。東氏によれば、ジェントル・ゴーストとは生者に祟ったり、むやみに脅かしたりする怨霊の類とは異なり、絶ちがたい未練や執着のあまり現世に留まっている心優しい幽霊といった意味合いの言葉だそうだ。

これまで多くのジェントル・ゴースト・ストーリーが映画化されてきた。ハリウッドでは『オールウェイズ』『ゴースト～ニューヨークの幻』『奇蹟の輝き』『ラブリー・ボーン』などが有名だ。日本でも、『異人たちとの夏』『ふたり』『あした』といった一連の大林宣彦作品、高倉健が主演した『鉄道員《ぽっぽや》』、さらには『黄泉《よみ》がえり』『いま、会いにゆきます』『ツナグ』『ステキな金縛り』『トワイライト　ささらさや』『想いのこし』などがある。

そこには「幽霊でもいいから、今は亡き愛する人に会いたい」という生者の切実な想いがある。わたしは、映画とはもともと「死者との再会」という人類普遍の願いを実現するグリーフケア・メディアであると考えている。

『母と暮せば』も亡き息子の幽霊が母のもとに出現するという典型的なジェントル・ゴースト・ストーリーなのだが、エンディングはこれまでの作品とは明らかに違っていた。ネタバレになるので、内容は秘密。どうぞ、映画をご覧いただきたい。

さて、この映画は「長崎原爆」をテーマとした作品である。

冒頭、天国を連想させるカラーの雲海のシーンから一転して、モノクロの一九四五年八月九日の長崎上空のシーンに変わる。そして、「第一目標地である小倉が視界不良であったため、第二目標地の長崎に標的を変更した」というテロップが大きくスクリーンに映し出され、わたしの胸は締めつけられた。

長崎原爆によって七万四〇〇〇人もの尊い生命が奪われ、七万五〇〇〇人にも及ぶ人々が傷ついた。現在でも苦しんでおられる方々がいる。当時、わたしの母は小倉の中心地にいた。原爆が投下されていたなら母の命は確実になく、当然ながら、わたしはこの世に生を受けていない。長崎の方々に心からの祈りを捧《ささ》げずにはいられない。

それにしても都市レベルの大虐殺に遭う運命を実行日当日に免れたなどという話は古今東西聞いたことがない。普通なら、少々モヤがかかっていようが命令通りに投下するはずだ。当日になっての目標変更は大きな謎だが、いずれにせよ小倉がアウシュビッツや広島と並ぶ人類愚行のシンボルにならずに済んだのは奇跡といえる。

小倉の人々は、原爆で亡くなられた長崎の方々を絶対に忘れてはならない。いつも長崎の犠牲者の「死者のまなざし」を感じて生きる義務がある。

もちろん、先の戦争で尊い命を亡《な》くされたのは長崎原爆の犠牲者だけではない。広島原爆をはじめ、各地の戦場で多くの日本人が亡くなった。

映画『母と暮せば』では、福原家の長男、すなわち浩二の兄が母である伸子の夢枕に立つシーンが登場する。その長男はビルマ戦線で戦死したのだった。

わたしたちがこの平和を味わうことができるのも、多くの死者に支えられてのこと。わたしは、七〇年前の戦争で亡くなられた方々のことを絶対に忘れず、この命を与えられたことに感謝し続けていきたいと思っている。

『母と暮せば』のラストは、長崎の黒崎教会での葬儀のシーンだった。

非常に感動的で、わたしは「死は不幸な出来事ではない」、そして「死者を忘れてはならない」というわが信条を再確認することができた。戦後七〇年となる大きな節目の年の師走にこの映画を観ることができ、本当に良かった。

（二〇一六年一月）

熊本地震とグリーフケアの未来

二〇一六年四月一四日の夜、わたしは東京の赤坂見附にあるホテルニューオータニのインターナショナルレストラン「トレーダー・ヴィックス」を訪れた。

日頃より親しくさせていただいている宗教哲学者の鎌田東二先生が教授を務めていた京都大学こころの未来研究センターを定年退職された。京都大学名誉教授になられた鎌田先生は、今春から上智大学グリーフケア研究所の特任教授に就任され、そのお祝いの会を開いたのだ。同研究所の所長である宗教学者の島薗進先生(東京大学名誉教授)もご一緒だった。島薗先生とわたしは生ビール、お酒を飲まない鎌田先生はペリエで乾杯した。わたしたちは、大いに語り合った。お二人の会話は大学や宗教界をめぐる環境の話題から始まり、次第に熱を帯びてきたが、最後は日本におけるグリーフケアのあり方についての意見交換だった。

夜も更けてお開きの時間となり、最後にわたしが挨拶をさせていただいた。

わたしは、「グリーフケア」という言葉や思想はカトリックから生まれたものであると思うが、日本におけるグリーフケアは土着的なものを無視することはできない。グリーフケアの臨床現場というべき、われわれの業界では日々「愛する人を亡くした人」と接しており、ぜひこの経験を活《い》かして、日本のグリーフケアの発展のお役に立ちたいといった内容を話させていただいた。まずは、上智大学でわたしが特別講義を行うことが決まった。グリーフケアについての考え方や想いを述べさせていただくつもりである。

グリーフケアは二〇一一年三月一一日の「東日本大震災」で一気に認知された。二〇一一年は「グリーフケア元年」などと呼ばれたが、会食後、宿泊していたホテルの客室に戻ってテレビをつけたところ、熊本でＭ（マグニチュード）6・5の地震が発生したことを知り、大変驚いた。すべてのテレビ局がこのニュースを報じており、事の重大さが伝わってきた。その緊迫感は、3・11のときを思い起こさせた。二日後の一六日未明には同じく熊本でＭ7・3の大地震が発生した。一九九五年の阪神・淡路大震災クラスである。

一連の地震により、多くの人々が愛する人を亡くした。愛する人を亡くされた方々は、いま、この宇宙の中で独りぼっちになってしまったような孤独感と絶望感を感じていることだろう。フランスには、「別れは小さな死」ということわざがある。愛する人を亡くすとは、死別するということ。愛する人の死は、その本人が死ぬだけでなく、あとに残された者にとっても、小さな死のような体験をもたらすといわれている。

もちろん、わたしたちの人生とは、何かを失うことの連続だ。わたしたちは、これまでにも多くの大切なものを失ってきた。しかし、長い人生においても、一番苦しい試練とされるのが、自分自身の死に直面することであり、自分の愛する人を亡くすことなのだ。

わたしは、冠婚葬祭の会社を経営している。本社はセレモニーホールも兼ねており、そこでは毎日多くの葬儀が行われている。そのような場所にいるわけだから、わたしは毎日のように、多くの「愛する人を亡くした人」たちにお会いしている。

その中には、涙が止まらない方や、気の毒なほど気落ちしている方、健康を害するくらいに悲しみに打ちひしがれる方もたくさんいる。亡くなった人の後を追って自死されるのではと心配してしまう方もいる。

「愛する人」と一言でいっても、家族や恋人や親友など、いろいろある。わたしは、親御さんを亡くした人、ご主人や奥さん、つまり配偶者を亡くした人、お子さんを亡くした人、そして恋人や友人や知人を亡くした人が、それぞれ違ったものを失い、違ったかたちの悲しみを抱えていることに気づいた。それは、以下のようなことだと思う。アメリカのグリーフカウンセラーであるE・A・グロルマンの言葉をわたしがアレンジしてみた。

親を亡くした人は、過去を失う。
配偶者を亡くした人は、現在を失う。
子を亡くした人は、未来を失う。
恋人・友人・知人を亡くした人は、自分の一部を失う。

日本では、人が亡くなったときに「不幸があった」と人々が言い合う。この言葉に、わたしは違和感をおぼえてきた。わたしたちは、みな、必ず死ぬ。死なない人間はいない。いわば、わたしたちは「死」を未来として生きているわけだ。その未来が「不幸」であるということは、必ず敗北が待っている負け戦に出ていくようなものだ。

わたしたちの人生とは、最初から負け戦なのだろうか。どんな素晴らしい生き方をしても、どんなに幸福を感じながら生きても、最後には不幸になるのだろうか。

亡くなった人は「負け組」で、生き残った人たちは「勝ち組」なのだろうか。

わたしは、「死」を「不幸」とは絶対に呼びたくない。なぜなら、そう呼んだ瞬間、わたしは将来かならず不幸になるからだ。死は決して不幸な出来事ではない。愛する人が亡くなったこと、自分が残されたことの意味を考える……。この熊本地震で学んだことを糧《かて》にして、わたしは新しいグリーフケアの未来を拓《ひら》きたいと願っている。（二〇一六年五月）

死生観を持っていますか

二〇一六年に熊本県で始まった地震活動は大分県に広がり、被害が拡大した。一連の地震によって犠牲になられた方々のご冥福を心よりお祈り申し上げるとともに、被災された方々にお見舞い申し上げたい。

わたしも九州に住んでいるが、まさか九州であんな大きな地震が起こるとは夢にも思わなかった。そして、いつ何が起こって、突然、人生が終了してしまうかもしれないということを改めて痛感した。読者のみなさんには、自分自身、そして愛する人の死が明日突然に訪れるかもしれないという切実さがあるだろうか。

熊本地震の約一カ月前、東日本大震災の発生から五年が経過して、マスメディアは大々的に報道していたが、亡くなられた方やご家族を憐《あわ》れみや同情で語ることに終始したのでは「他人事」のままである。誰も、六年目の報道を「他人事」で迎えられる保証はない。

しかしながら、「今日」という日が「残された人生における第一日目」という厳粛な事実に無頓着では充実した人生は望めないのではないだろうか。

わたしたちは、どこから来て、どこに行くのか。そして、この世で、わたしたちは何をなし、どう生きるべきなのか。これ以上に大切な問題など存在しないだろう。

なぜ、自分の愛する者が突如としてこの世界から消えるのか、そしてこの自分さえ消えなければならないのか。これほど不条理で受け入れがたい話はないのである。

明日ありと思う心の仇桜《あだざくら》
夜半《よわ》に嵐の吹かぬものかは

これは浄土真宗の宗祖である親鸞が九歳で得度する前夜に詠んだという歌だが、明日を保証されている人など誰もいないということを、わたしたちは忘れているようである。

死を見つめることは、生を輝かせること。『葉隠《はがくれ》』の「武士道と云ふは死ぬ事と見付けたり」の一句は、じつは壮大な逆説ではないだろうか。『葉隠』の説く武士道が死の道徳であるという解釈は大きな誤解である。この書は武士としての理想の生をいかにして実現するかを追求した「生の哲学」の箴言《しんげん》なのだ。

「生の哲学」を最も感じさせるものこそ、わが国の戦国乱世に生きた武将たちの死生観である。特に、彼らが辞世の歌を詠む心境に「人生を修める」という覚悟を強く感じてしまう。

極楽も 地獄も先は 有明の
月の心に 懸かる雲なし

これは、戦国武将の中でもわたしが最も尊敬する上杉謙信の辞世の歌である。その大意は「生まれ変わる先が極楽でも地獄でもよい。今は夜明けに残る月のように、心は晴れ晴れしている」といったところだろうか。ただ「生きる」のではなく「美しく生きる」ことにこだわり、「非道を知らず存ぜず」という信条を持っていた謙信の「生きざま」は彼の辞世にも強く反映されているように思えるのである。戦国の武将だけではない。幕末の志士たちも辞世の歌や句を詠み、この世を去っていった。

日本人は、辞世の歌や句を詠むことによって、「死」と「詩」を結びつけたのである。

そして、「死」と「志」も深く結びついていた。死を意識し覚悟して、はじめて人はおのれの生きる意味を知る。有名な坂本龍馬の「世に生を得るは事を成すにあり」こそは、死と志の関係を解き明かした言葉ではないだろうか。現代日本に生きるわたしたちも、戦国武将や幕末の志士たちのように、死生観を持つことによって、生きる意味を知るのではないか。死生観を持つことこそ、豊かな老後のために必要な心得であると考える。

（二〇一六年七月）

第5章

死とグリーフ

「死」は「不幸」なことではないと思う。誰もがいずれは死を迎える。
前向きな心構えでいられたら素敵なことだと思う。

グリーフケア・ソングとしての「Ｌｅｍｏｎ」

二〇一九年五月。令和の時代が始まり、平成の時代が終わった。その平成の最後に、日本の音楽市場に残る大ヒット曲が誕生した。米津玄師の「Ｌｅｍｏｎ」だ。

二〇一八年一月一二日から三月一六日までＴＢＳ系で放送された石原さとみ主演のドラマ『アンナチュラル』の主題歌である。不自然な死を解明する司法解剖医たちの物語だったが、主題歌である「Ｌｅｍｏｎ」は、大切な人を亡くした人の悲しみに寄り添うナンバーとして大きな話題となった。

「Ｌｅｍｏｎ」を初めて聴いたのは、二〇一八年のＮＨＫ「第六九回紅白歌合戦」においてだが、まずは題名が良いと思った。梶井基次郎の名作『檸檬』を連想させるスタイリッシュな印象がある。それから、歌詞が絵画的で素晴らしいと感じた。そして何度か耳にするうち、「Ｌｅｍｏｎ」はまさに「グリーフケア・ソング」だという結論に至ったのである。

愛する人を亡くした人は誰でも、「Ｌｅｍｏｎ」の冒頭の歌詞のように、「夢ならば、どれほどよかったでしょう」と思うのが常だ。また、「いまだに、あなたのことを夢に見る」

はず。「戻らない幸せがあることを、最後にあなたが教えてくれた」とも思うだろう。

歌詞の終わりには「今でも、あなたはわたしの光」という言葉も出てくるが、悲しみという闇の中で光を見つける営みこそ「グリーフケア」ではないだろうか。

この曲は、カラオケで歌われる曲としても歴代一位に輝いた。しかし、この歌、はっきり言って難しい。リズムや音程など非常に難易度の高い楽曲である。それにもかかわらず、発売直後よりカラオケでも高い人気を博している。

じつは、わたしもカラオケで「Ｌｅｍｏｎ」をよく歌う。東京、金沢、小倉、那覇のカラオケ店でもう数十回は熱唱した。自分で言うのも何だが、評判は上々である。精密採点では、信じられないような高得点が出た。サビで高音を出すところなどが自分に合っているのかもしれない。しかし何よりも、わたしが、この歌のテーマである「グリーフケア」について考え続けてきたのが最大の原因ではないかと思う。

それはさておき、令和という新たな時代のおとずれとともにこのような「愛する人を亡くした人」のために作られた歌のＭＶが三億回以上も再生されたという事実に、わたしはグリーフケアの時代の到来を実感してしまう。

今日も誰かが「Ｌｅｍｏｎ」を歌うたびに、今は亡き人々の面影が浮かんでくる。

（二〇一九年五月）

陛下の慰霊とグリーフケア

平成から令和へ時が流れる中、天皇陛下の一連の退位儀式および即位儀式が内外のTVメディアで中継された。ここまで、儀式というものに国民の関心が集まったことは過去に例がない。やはり先帝の生前退位によって「お祝い」ムードが強かったことが一因だろう。大正も昭和も平成も、喪中のうちに開始されたが、上皇陛下は今もご健在である。

ところで、上皇陛下ほど、亡くなった人びと、すなわち死者へのまなざしを忘れなかった方はおられないと思う。昭和五九年(一九八四年)四月、結婚二五周年の記者会見では、上皇陛下(当時は皇太子)は「政治から離れた立場で国民の苦しみに心を寄せたという過去の天皇の話は、象徴という言葉で表すのに最もふさわしいあり方ではないかと思っています。私も日本の皇室のあり方としては、そのようなものでありたいと思っています」と語られた。上皇陛下ご夫妻は、政治から離れた立場で国民の苦しみに心を寄せることこそが天皇のもっとも重要な仕事と思われているのである。さらにはその中でも、「声なき人びとの苦しみに寄り添うこと」を最大の責務と考えられておられた。

そうした上皇陛下の姿勢がいかに徹底したものであるかは、「日本ではどうしても記憶しなければならないことが四つあると思います。（終戦の日と）広島の原爆の日、長崎の原爆の日、そして六月二三日の沖縄の戦いの終結の日、この日には黙祷を捧げて、いまのようなことを考えています」（昭和五六年〈一九八一年〉年八月）、「どうしても腑《ふ》に落ちないのは、広島の（原爆犠牲者の慰霊式の）時はテレビ中継がありますね。それにあわせて黙祷するというわけですが、長崎は中継がないんですね。（略）それから沖縄戦も県では慰霊祭を行っていますが、それの実況中継はありません。平和を求める日本人の気持ちは非常に強いと思うのに、どうして終戦の時と広島の時だけに中継をするのか」（同前）といった言葉からも理解できます。

ちなみに上皇陛下ご自身は、必ずこの四つの日にはご家族で黙祷を捧げられ、外出も控えて静かに過ごされてこられた。やむをえず海外を訪問中のときなども、公式日程を少しずらしてもらって、その時間に黙祷されたという。まさに上皇陛下こそは日本一の「悼《いた》む人」であることがわかる。そして、数々の被災地訪問の様子から、上皇陛下こそは日本一の「グリーフケア」の実践者であることも理解できる。その想いは世代を超えて、このたび即位された今上陛下にも受け継がれていくことだろう。

（二〇一九年六月）

人生を修めるための「修活」のすすめ

わたしが監修した『修活読本』（現代書林）という本が二〇一九年八月に出版された。同書には、「人生のすばらしい修め方のすすめ」というサブタイトルがついている。人生一〇〇年という時代を迎えている。その流れの中で、「終活」が今、高齢者にとって大きなテーマになっている。終活とは、「終末活動」を縮めたものである。つまり「人生の最期をいかにしめくくるか」ということであり、実は人生の後半戦の過ごし方を示した言葉ではないことには、注意が必要だ。

では、「いかに残りの人生を豊かに過ごすか」ということに目を向けたとき、わたしは人生の修め方としての「修活」という言葉を使っている。考えてみれば、「就活」も「婚活」も広い意味での「修活」ではないかと思う。学生時代の自分を修めることが就活であり、独身時代の自分を修めることが婚活なのだ。そして、人生の集大成としての「修生活動」がある。これが、わたしの提案する「修活」だ。

わたしは、かつての日本は美しい国だったように思う。しかし、逆にいまの日本人は

「礼節」という美徳を置き去りにし、人間の尊厳や栄辱の何たるかも忘れているように思えてしまうことが多々ある。それは、戦後の日本人が「修業」「修養」「修身」「修学」という言葉で象徴される「修める」という覚悟を忘れてしまったからではないだろうか。

誰にでも「老」の次には「死」がやってくる。死を考えないのではなく、「死の準備」をしなければばならない。そもそも、老いない人間、死なない人間はいない。死とは、人生を卒業することであり、葬儀とは「人生の卒業式」にほかならない。老い支度、死に支度をして自らの人生を修める。この覚悟が人生をアートのように美しくするのではないだろうか。

究極の「修活」とは何だろうか。それは、自分なりの死生観を確立することではないだろうか。死は万人に等しく訪れるものだから、死の不安を乗り越え、死を穏やかに迎えられる死生観を持つことが大事だと思う。

では、一般の人が、そのような死生観を持てるようにするには、どのようにしたらよいだろうか。わたしがお勧めしているのは、読書と映画鑑賞だ。同書では、死の不安を克服して、死と向き合い、そして死者と対話するためのヒントとなる本や映画も紹介している。

豊かな死生観を持ちながら健康寿命を延ばし、生き生きとした人生の後半戦を過ごすために、「終活」から「修活」への転換が求められる。ぜひ、『修活読本』をご活用下さい。

（二〇一九年一〇月）

グリーフケアの時代へ

「供養」と密接な関係にあるのが「グリーフケア」だ。「グリーフケア」という言葉を知らない人のために簡単に説明すると、「悲嘆への対応」ということになるだろうか。

しかし、一概に「悲嘆」といっても、さまざまな種類がある。上智大学グリーフケア研究所の前所長である髙木慶子氏は、著書『悲しんでいい』（ＮＨＫ出版新書）の中で次に挙げる「悲嘆を引き起こす七つの原因」というものを紹介しておられる。

1. 愛する人の喪失――死、離別（失恋、裏切り、失踪）
2. 所有物の喪失――財産、仕事、職場、ペットなど
3. 環境の喪失――転居、転勤、転校、地域社会
4. 役割の喪失――地位、役割（子どもの自立、夫の退職、家族のなかでの役割）
5. 自尊心の喪失―― 名誉、名声、プライバシーが傷つくこと
6. 身体的喪失 ――病気による衰弱、老化現象、子宮・卵巣・乳房・頭髪などの喪失
7. 社会生活における安全・安心の喪失

わたしたちの人生とは喪失の連続であり、それによって多くの悲嘆が生まれている。

東日本大震災の被災者の人々は、たくさんのものを喪失した、いわば多重喪失者だった。家を失い、さまざまな財産を失い、仕事を失い、家族や友人を失ってしまった。しかし、数ある悲嘆の中でも、愛する人の喪失による悲嘆の大きさは計り知れない。

グリーフケアとは、この大きな悲しみに寄り添っていくためにある。死者を悼み、多様な方法でその冥福を祈る供養も、生者にとってはグリーフケアの一環であろう。

二〇一九年八月、『グリーフケアの時代』（弘文堂）という本が出版された。サブタイトルは「『喪失の悲しみ』に寄り添う」。上智大学グリーフケア研究所所長の島薗進先生、同研究所副所長で特任教授の鎌田東二先生、そして同研究所客員教授であるわたしの共著だ。

全三章のうち、島薗氏は第一章「日本人の死生観とグリーフケアの時代」を、鎌田氏は第二章「人は何によって生きるのか」を担当。わたしは第三章「グリーフケア・サポートの実践」を担当し、「ケアとしての葬儀の取り組み」「ケアとして遺族会の役割」「ケアとしての『笑い』」「ケアとしての『読書』」「ケアとしての『映画鑑賞』」について詳しく述べた。

葬儀とその直後のご遺族をサポートさせていただく中で、わたしは数多くの悲嘆を目撃してきた。これからもグリーフケアの理論と方法について研究していくとともに、その実践と普及に励みたいと思う。


（二〇一九年一一月）

VRで故人と再会する

東洋経済オンラインで見つけた『ニューズウィーク日本版』ウェブ編集部の「死んだ娘とVRで再会した母親が賛否呼んだ理由」という記事には考えさせられた。

VR（バーチャルリアリティー）では、ヘッドセットとゴーグルをつけ、誰でも簡単に仮想現実の世界へ入って行ける。いまやテクノロジーの驚異的な発達で、その技術はエンターテインメントにとどまらず、さまざまな場面で活かされている。映画配給コーディネーターのウォリックあずみ氏が書いた同記事では、「VRで三年前に亡くなった娘と『再会』」として、二〇二〇年二月六日に韓国で放送された「MBCスペシャル特集―VRヒューマンドキュメンタリー〝あなたに会えた〟」という番組を紹介している。

番組の内容は、血球貪食性リンパ組織球症（HLH）によって二〇一六年に七歳で亡くなったカン・ナヨンちゃんとその家族、主に母親との再会の話である。

発症したナヨンちゃんは、当初はただの風邪だと思われて病院を受診したところ、難病が発覚して入院したという。その後たった一カ月で帰らぬ人となったが、家族は三年以上たった今でもナヨンちゃんのことを思い続け悲しみに暮れていた。そこで、ＭＢＣ放送局はＶＲ業界韓国内最大手である「ＶＩＶＥスタジオ」社と手を組み、ナヨンちゃんと母親を仮想現実の中で再会させてあげたわけである。

その動画をわたしも観たが、もう、泣けて泣けて仕方がなかった。

亡くなったわが子に会いたいというご両親の想いが痛いほど伝わってきた。

わたしの二人の娘はともに元気だが、彼女たちがじつは幼い頃に死んでいて、ＶＲで再会したというシチュエーションを想像すると、もうボロボロと涙が出てきた。

しかしながら、恐山《おそれざん》のイタコを通した死者との対話である「口寄せ」を連想したのも事実である。イタコの姿や声そのものが変化しないことで、あくまで「死者そのものは生前と同じ状態でその場にいない」ことが理解できるように、死者と生者という、分かちがたい境界を意識させるものが、遺族のためにも存在しなければならない。

そうした倫理的な区分さえしっかりとさせておき、適切な利用に導きさえすれば、ＶＲ技術はその進歩と連動して、有力なグリーフケアの担い手となることだろう。仮想現実の中で今は亡き愛する人に会う。それはもちろん現実ではないが、悲しみの淵にある心を慰めることはできるはずだ。何よりも、自死の危険を回避するだけでもグリーフケアにおけるＶＲの活用は検討すべきではないかと思う。

（二〇二〇年四月）

『鬼滅の刃』にみる供養のあり方

二〇二〇年の年が明けても、世間では新型コロナウイルスと『鬼滅《きめつ》の刃《やいば》』の話題で持ちきりである。『鬼滅の刃』とは、吾峠呼世晴《ごとうげこよはる》氏の漫画で、アニメ化・映画化され大ヒットし、もはや社会現象にまでなっている。

本当は、『鬼滅の刃』のように、あまりにも流行になったものはスルーしたいと思っていた。しかし、インサイト代表の桶谷功氏が「このようにブームを巻き起こしているものがあったら、たとえ自分の趣味ではなかろうが、軽薄なはやりもの好きと思われようが、必ず一度は見ておくべきです。社会現象にまでなるものには、どこか優れたものがあるし、『時代の気分』に応えている何かがある。それが何なのかを考えるための練習材料に最適なのです」と述べているのを知り、「その通りだな」と思った。実際、大当たりであった。

まず、この物語のテーマは、わたしが研究・実践している「グリーフケア」ではないか！

鬼というのは人を殺す存在であり、悲嘆（グリーフ）の源である。そもそも冒頭から、主人公の竈門炭治郎《かまどたんじろう》が家族を鬼に惨殺されるという巨大なグリーフから物語が始まる。

また、大切な人を鬼によって亡き者にされる「愛する人を亡くした人」が次から次に登場する。それに対して鬼殺隊に入って鬼狩りをする一部の人々は、復讐という（負の）グリーフケアを自ら行うのだ。しかし、鬼狩りなどできない人々がほとんどであり、彼らに対して炭治郎は「失っても、失っても、生きていくしかない」と言うのであった。強引のようではあっても、これこそグリーフケアの言葉ではないだろうか。

炭治郎は、心根の優しい青年である。鬼狩りになったのも、鬼にされた妹の禰豆子《ねずこ》を人間に戻す方法を鬼から聞き出すためであり、もともと「利他」の精神に溢れている。その優しさゆえに、炭治郎は鬼の犠牲者たちを埋葬し続ける。無教育ゆえに字も知らず、埋葬も知らない仲間の嘴平伊之助《はしびらいのすけ》が「生き物の死骸なんか埋めて、なにが楽しいんだ？」と質問するが、炭治郎は「供養」という行為の大切さを説くのであった。

さらに、炭治郎は、自らが倒した鬼に対しても「成仏してください」と祈るのである。「敵も味方も、死ねば等しく供養すべき」という仏教の怨親平等《おんしんびょうどう》を連想させる。『鬼滅の刃』には、「日本一慈《やさ》しい鬼退治」とのコピーがついており、さまざまなケアの姿も見られる。鬼も哀しい存在なのである。『鬼滅の刃』は現代のグリーフケア物語そのものだ。〝癒し〟を求める現代社会がこの作品を欲しているのも大いにうなずける。わたしは『「鬼滅の刃」に学ぶ』（現代書林）という本を書き、新年早々に刊行する。（二〇二一年一月）

『エヴァンゲリオン』とグリーフケア

最近、不思議なことがある。何の映画を観ても、テーマがグリーフケアであることに気づくのだ。この現象の理由としては三つの可能性が考えられる。一つは、わたしの思い込み。二つめは、実際にグリーフケアをテーマとした作品が増えているということだ。三つめは、神話をはじめ、小説にしろ、マンガにしろ、映画にしろ、物語というのは基本的にグリーフケアの構造を持っているということである。

少し前に話題のアニメ映画『シン・エヴァンゲリオン劇場版』を観た。「エヴァンゲリオン」は、一九九〇年代に社会現象を巻き起こしたアニメシリーズである。二〇〇七年からは「新劇場版」シリーズとして再始動しており、『シン・エヴァンゲリオン劇場版』は同四部作の最終作となるアニメーション映画だ。

汎用ヒト型決戦兵器 人造人間エヴァンゲリオンに搭乗した碇《いかり》シンジや綾波レイ、式波・アスカ・ラングレー、真希波・マリ・イラストリアスたちが謎の敵「使徒」と戦う姿が描かれる。総監督は、映画『シン・ゴジラ』なども手掛けてきた庵野秀明だ。

四半世紀にもわたる壮大な物語は、『シン・エヴァンゲリオン劇場版』で幕を閉じた。

鑑賞後、わたしは「エヴァ」とはまさにグリーフケアの物語であることを知った。碇ゲンドウは最愛の妻であるユイを失う。ユイとの再会を願う彼は、とんでもない方法でその実現を計画し、その企みは息子であるシンジを巻き込む。この映画において、シンジはある愛すべき存在を失う。ゲンドウは、最愛の人を失うという苦しみを息子にも味わわせようとしたのだった。最後に、ゲンドウとシンジが対峙したとき、ゲンドウは「おまえも、死者の想いを受け止められるようになったとは大人になったな」と言う。

また、『シン・エヴァンゲリオン劇場版』には、何度も「儀式」という言葉が登場した。シンジの上司である葛城ミサトも口にしたが、なんといってもゲンドウの口から何度も「儀式」という単語が語られた。そう、「エヴァ」とは儀式の物語でもあるのだ。何の儀式かというと、死者の葬送儀礼、すなわち葬儀である。

最期のセレモニーである葬儀は人類の存続に関わってきた。故人の魂を送ることはもちろんだが、残された人々の魂にもエネルギーを与える。もし葬儀を正しく行わなければ、配偶者や子ども、家族の死によって遺族の心には大きな穴が開き、おそらくは自死の連鎖が起きたことだろう。葬儀という営みをやめれば、人が人でなくなる。葬儀というカタチは人類の滅亡を防ぐ知恵なのである。

（二〇二一年五月）

遺影は笑顔のほうがいい

コロナ禍でストレスがたまる一方だが、気分が爽快になる素敵な動画をYouTubeで見つけた。二〇二〇年八月二三日にUPされた「幕末・明治の偉人を【笑顔】にしてみた」という動画である。作成者は「コー吉」さんという方で、いろいろな有名人の顔を加工する動画をたくさん作られている。

くだんの動画では、夏目漱石、板垣退助、野口英世、森鷗外、与謝野晶子、樋口一葉、伊藤博文、明治天皇、滝廉太郎、芥川龍之介、福沢諭吉、大久保利通、木戸孝允、大隈重信、渋沢栄一、住友友純、豊田佐吉、山縣有朋、近藤勇、土方歳三、坂本龍馬、西郷隆盛、徳川慶喜、勝海舟、篤姫、岩崎弥太郎、高杉晋作、岩倉具視といった偉人たちのモノクロの肖像写真をカラーに編集し、さらに笑顔に変えるという内容なのだが、これが素晴らしい！

わたしは、最初の夏目漱石から、もう大笑いした。漱石は留学先のロンドンで鬱《うつ》病を患ったのをはじめ、病気がちだったとされているが、いつもこんな笑顔を見せていたら健康に長生きできたかもしれないと思った。これまで暗いイメージだった森鷗外や芥川龍之介といった文豪も、笑顔になるといい感じで、親しみが湧いてくる。なんというか、とても人間臭く感じられるのである。

驚いたのは女性の写真だ。失礼ながらあまり美人のイメージではなかった与謝野晶子が、笑うと一気に可愛い美人に早変わりしてビックリ！

笑顔というのは、人を美しくするのだという事実を再認識した。

もともと美女の樋口一葉の笑顔などは、さらに美しくなって、現代でも女優になれそうなレベルである。幕末維新の英雄では、坂本龍馬や西郷隆盛の笑顔が気に入った。映画やＴＶドラマに何度も取り上げられ、いろんな俳優が彼らの笑顔姿も見せてくれているが、やはり定番の肖像が笑顔になるインパクトは大きい。

冠婚葬祭互助会であるわが社は、死別の悲嘆に寄り添う「グリーフケア」にも積極的に取り組んでいるが、そこでも笑顔やユーモアというものを大切にしており、愛する人を亡くされた遺族の方々を対象とした「笑いの会」などを開催している。

葬儀でもひと昔前の遺影は笑顔がタブーとされていた時もあったが、最近は笑顔の写真で遺影を作られる方が増えてきた。ご遺族は故人が幸せそうな笑顔の写真を選ぶようになっている。遺影というものは、代々その家に残る写真である。かしこまった写真より笑顔の写真がご遺族も心穏やかに過ごせるのではないだろうか？

（二〇二一年七月）

亡き息子に会う映画『安魂』

二〇二二年夏の閉館が決定した東京・神保町の岩波ホール（東京都千代田区）で、日中合作の映画『安魂《あんこん》』を観た。中国の小説を原作に『火垂《ほた》るの墓』『こどもしょくどう』などのメガホンを取った日向寺太郎監督が、中国・河南省開封市で中国人キャストをメインに撮り上げたヒューマンドラマである。

主人公の唐大道（ウェイ・ツー）は、高名な作家だ。彼は、一人息子である英健（チアン・ユー）の恋人が農村出身だということを理由に二人を別れさせる。失意の英健は脳腫瘍に倒れ、大道に「父さんが好きなのは、自分の心の中の僕なんだ」と言い残し、二九歳の若さで死去する。大いなる喪失感を抱えながら英健の魂の行方をたどろうとする大道は、英健にそっくりな劉力宏（チアン・ユー）と出会う。

地位も名誉も手に入れた有名作家の唐大道は、自らの選ぶ道こそが正しいと信じて疑わない独善的な人間である。しかし、一人息子の急死という突然の悲劇によって、大道の絶対的な信念は脆《もろ》くも崩れ去る。彼は、「息子が本当はどんな生き方を望んでいたのか」

と思い、息子の魂を探し求める。このとき、仏教もキリスト教もイスラム教もエジプトの『死者の書』も、どれも死者の魂が七日間この世に留まると述べていることが紹介されるが、「初七日」の普遍性が示されて興味深かった。

大道は息子の生き写しとも思える力宏と邂逅《かいこう》するが、死んだ息子と同じ姿の青年が目の前に現れたら、悲嘆に囚われた者ほど、愛しい人の生まれ変わりか、蘇生か、幽霊のいずれかだと思うのではないだろうか。しかし、今回のケースでは生まれ変わりにしては年齢が合わず、蘇生ということはありえず、最後の幽霊という可能性だけが残る。

そして、幽霊の出現というのは、結局は葬儀の失敗に帰結する。大道は悲しみのあまり英健の霊魂を彼岸へと送る葬送儀礼がうまくできず、大いに心を迷わせたように思えた。「幽霊でもいいから、今は亡き愛する者に会いたい」というのはグリーフケアの範疇だ。それでも、残された者は最後には愛する者の死を現実として受け止め、生きていくしかない。映画の後半で流れるモーツァルトの「レクイエム」が素晴らしいのは、「悲しみではなく喜びを表している」からだと大道と力宏が会話するシーンがある。

大切な人の葬儀で、ただ悲しむだけでなく、その大切な人と出会えたこと、かけがえのない縁を得られたことの喜びを感じることができたら素敵だと思う。そのとき、葬儀は「人生の卒業式」という未来への旅立ちのセレモニーとなることだろう。（二〇二二年二月）

上級グリーフケア士の誕生

いま、「グリーフケア」が注目されている。日本は超高齢社会を迎える一方で、核家族化などで近親者の死を身近に経験したり、死と向き合ったりする機会が減少している。さらに、伝統的な宗教や地域社会の弱体化により、葬送に対する地域社会からのサポートも減ってきている。その結果、悲嘆（グリーフ）を抱える人々を支える場所が少なくなり、そのサポート&ケアの重要性が高まっているのだ。

二〇二二年四月九日、わたしは小倉から新幹線で姫路に向かった。全日本冠婚葬祭互助協会（以下、全互協）の山下裕史会長（株式会社117社長）が経営される結婚式場「ラヴィーナ姫路」で開催されるグリーフケアの式典に参加するためである。

わたしは、全互協の副会長およびグリーフケアPT座長として、葬祭業界におけるグリーフケアの資格認定制度を立ち上げた。そのファシリテーター一〇名が無事に課程を修了し、彼らには上級グリーフケア士の資格が与えられることになった。

式典で山下会長の挨拶に続いて、グリーフケアPTの座長として挨拶に立ったわたしは、「本日は、誠におめでとうございます！　『選ばれし者の恍惚と不安、二つ我にあり』という言葉があります。フランスの詩人ポール・ヴェルレーヌの言葉ですが、太宰治が『葉』という小説で使い、前田日明も新生ＵＷＦの旗揚げの挨拶で使いました。全国から選び抜かれて集ったファシリテーターのみなさんも、同じ思いではないでしょうか。いま一番、グリーフケアを学んでほしいのはロシアのプーチン大統領です。彼が起こした戦争で、いかに多くの悲嘆が生まれているのかを知ってほしいです。グリーフケアは人間愛の発露であり、幸福へのサポートであり、平和への祈りです。グリーフケアという考え方が広まれば、この世から戦争がなくなるかもしれません。みなさんの今後の活躍に期待しています。」と述べた。その後、一般財団法人冠婚葬祭文化振興財団の金森茂明理事長（株式会社レクスト社長）から修了証および認定証の授与が行われた。

二〇〇七年に、わたしが『愛する人を亡くした人へ』（現代書林）というグリーフケアの書を書いたとき、互助会業界のほとんどの人は「グリーフケア」という言葉を知らなかった。あれから、早くも一五年が経過した。そして、ついにグリーフケア資格認定制度が始動し、日本初いや世界初の上級グリーフケア士が誕生したのだ。わたしは、第一期ファシリテーターの課程を修了し、見事に上級グリーフケア士となられた一〇人の方々に心からの拍手をお送りした。その様子を見ながら、わたしの胸は熱くなった。（二〇二二年五月）

「死」を乗り越えるための読書

わたしは、これまでに多くの本を読んできた。

わが読書の最大のキーワードは二つある。「幸福」と「死」だ。まず、わたしは「幸福」について述べたあらゆる本を読み漁《あさ》った。そして、こう考えた。政治、経済、法律、道徳、哲学、芸術、宗教、教育、医学、自然科学……、人類が生み、育んできた営みはたくさんある。では、そういった偉大な営みが何のために存在するのかというと、その目的は「人間を幸福にするため」という一点に集約される。さらには、その人間の幸福について考えて、考えて、考え抜いた結果、その根底には「死」というものが厳然として在ることを思い知った。

そこで、わたしが、どうしても気になったことがあった。それは、日本では、人が亡くなったときに「不幸があった」と人々が言うことだった。わたしたちは、みな、必ず死ぬ。死なない人間はいない。いわば、わたしたちは「死」を未来として生きているわけである。その未来が「不幸」ならば、必ず敗北が待っている負け戦に出ていくようなものだ。

わたしたちの人生とは、最初から負け戦なのだろうか。どんなすばらしい生き方をしても、どんなに幸福を感じながら生きても、最後には不幸になるのだろうか。亡くなった人はすべて「負け組」で、生き残った人たちは「勝ち組」なのだろうか。そんな馬鹿な話はない。わたしは、「死」を「不幸」とは絶対に呼ばないようにしている。そう呼んだ瞬間、わたしは将来必ず不幸になるからである。

死はけっして不幸な出来事ではない。そして、そのことを知るための方法の一つが読書であると思う。死別の悲しみを癒す行為を「グリーフケア」というが、もともと読書という行為そのものにグリーフケアの機能がある。森信三氏の著書『人生論としての読書論』（致知出版社）には、「二種の世界の住人」という言葉が登場する。

著者は、「真に読書の趣を解し得る人は、一身にして『二種の世界の住人』たりうる人とも思うのである。もっともわたくしがここで『二種の世界』というのは、その一つはいうまでもなく、世上普通の人々と交渉するこの現実の社会生活なことはいうまでもないが、では今一つの世界とは如何なる世界かというに、それは書物の中に描かれている世界であり、書物を通して窺いうる世界というわけである」と述べる。

人は読書によって「二種の世界の住人」になれる。すると、どうなるのか。この日常生活の世界で苦痛なことや悲痛な出来事に遭遇しても、これまでほどには歎《なげ》き悲しまなくなるという。著者は、「いかに書物を読む人でも、いやしくもこの肉体をもっている限り、わが子を失った場合の悲痛な思いは、地上における最大最深の悲痛事と言ってよいであろう」と述べている。じつは、彼は愛する子どもを失った経験があるのだが、その深い悲しみの底から読書によって立ち直ったという。

さらに、森信三は、「書物を読む人は、多くの人々がわが子を失った悲しみについて書いた書物を読むことによって、世間には如何にわが子を失った人々が多いかということを教えられて、それまでは自分の周囲にも、わが子を失った人のあることにさえ気づかぬほどに、わが身ひとりの悲歎に沈んでいた人も、ようやくにしてこの地上には、わが子に先立たれた親の如何に多いかを知るとともに、自分としては、今度初めてわが子を亡くしたのであるが、世間には三人の子どものすべてを失い、今や人生の老境にのぞんで、ただ老夫婦のみが残されているというような人さえ、決して少なくないことを知らされるに及んで、これまでは自分こそこの世における最大の悲しみを負う者と考えていたことの、如何に誤りだったかを知らされるようにもなるのである」と述べている。

長い人類の歴史の中で死ななかった人間はいない。愛する人を亡くした人間も無数に存在する。その歴然とした事実を教えてくれる本というものがあるのだ。

（二〇一四年一二月）

自然の絶景が死の不安をなくす

『死ぬまでにやっておきたい50のこと』(イースト・プレス)という新刊を二〇一六年三月に上梓した。豊かな老後を過ごすために、やっておきたいことをいろいろと考えたのだが、特に「死の恐怖」を和らげるような体験を選ぶように努めた。

わたし自身が一番気に入っているのが「圧倒的な自然の絶景に触れる」という項目である。どこまでも青い海、巨大な滝、深紅の夕日、月の砂漠、氷河、オーロラ、ダイヤモンドダスト……人間は圧倒的な大自然の絶景に触れると、視野が極大化し、自らの存在が小さく見えてくる。そして、「死とは自然に還ることにすぎない」と実感できる。さらには、大宇宙の摂理のようなものを悟り、死ぬことが怖くなくなるように思える。

わたしにも、そんな経験がある。二〇一四年、ミャンマーの宗教都市バガンを訪れたのだが、そのときに圧倒的な自然に触れた。そこにある一連の仏教遺跡は、カンボジアのアンコール・ワット、インドネシアのボロブドゥールとともに「世界三大仏教遺跡」のひとつと称されている。イラワジ川中流域の東岸の平野部一帯に、大小さまざまな仏教遺跡が林立する。

仏教遺跡を見学した日の夕方、わたしはシュエサンドー・パゴダを訪れた。

この有名なパゴダは下層の二段がレンガ色で、上段の三層は白色をしている。多くのパゴダや寺院が褐色のレンガ色であるのと比べて、ひときわ美しいパゴダである。手すりがついていて、五層の基壇を上っていける。わたしは急な階段を裸足で上っていった。視線が上方にいくにつれて、バガンの仏教遺跡群がよく見えた。その景色は、この世のものとは思えないほど美しかった。

シュエサンドー・パゴダは、夕日鑑賞の絶好のポイントとしても有名である。

夕日が沈む時間が近くなると、多くの人々が行列をつくって上る。わたしは人混みを縫って最上階の五階に上った。そこで太陽光線と雲のコラボによる幻想的な光景を見ることができた。雲は夕日の姿を隠したり見せたりして、人々をヤキモキさせた。しかし夕日は雲に隠れながらも、ときどき美しい姿を見せてくれたのである。最後は、真紅の夕日を見ることができて非常に感動した。

そのとき、わたしは仏教の「西方浄土」というのはあのような美しい夕日の世界なのだと思えてきて、死ぬことが怖くなくなった。思わず夕日に向かって合掌した。

死は人類最大のミステリーであり、全人類にとって共通の大問題である。なぜ、この自分がこの世から消えなければならないのか。これほど不条理で受け入れがたい話はない。当然、どんな人でも死ぬことに対する恐怖や不安を抱く。しかし、心ゆたかに老後を過ごし、安らかに人生を修めるためには、必ず訪れる死を穏やかに受け入れるという心が必要だ。わたしにとっては、ミャンマーで見た巨大な夕日がそんな心境にしてくれた。

みなさんは、『世界の涯《は》てに』という一九九六年の香港映画をご存知だろうか。不治の病に冒されたケリーという女性主人公（ケリー・チャン）と、彼女が恋するイギリス人青年テッド（マイケル・ウォン）と香港の青年チュン（金城武）の三角関係を描くラブロマンスだ。最後は死者の霊も登場するスピリチュアル映画の名作でもあった。

映画の中に、白血病のケリーがスコットランドの絶景を見る場面がある。そこに登場する大自然の神秘はケリーの死の恐怖を払拭する力を持っていたように思う。

ケリーが探し求めていた相手であるテッドは、彼女に対して「大自然はじつに素晴らしく、神秘に満ちあふれている。山にあるものはいつか海に至り、海にあるものはいつか山に戻る。そのいい例がサケかもしれない。海で生まれたサケは必死に川を上って生まれ故郷に戻ってくる。傷だらけになって上り切ると、その後、卵を産んで静かに死んでいく……」と言うのである。

しかし、ここまで話したテッドは、黙りこくっているケリーを見て「ごめん、死ぬ話なんかしてしまって」と謝るのだが、逆にケリーにとっては死の不安を乗り越える話だったのだ。テッドの話を聴いた彼女は、「命とは何か?」「若くして死を迎える自分がこの世に在ることの意味とは何か?」について考えるのだった。

このように、大いなる自然の中に身を委ねるとき、人は自らその存在の小ささを感じ、死の不安を乗り越えるのではないか。

（二〇一六年三月）

人生を修めるノート

最近では、「エンディングノート」の存在を知らない方は少ないだろう。

超高齢社会を迎えた日本で、その必要性が増しているエンディングノートとは何か。

遺言書と同じではないかと思っている方がいるが、それは明らかに違う。

遺言書とは、法的な拘束性があるし、財産の分配などを記載するからである。自分がどのような最期を迎えたいか、どのような旅立ちをしたいか……、そんな旅立つ当人の想いを綴るのがエンディングノートだ。

その目的のひとつは、「残された人たちが迷わないため」というものである。葬儀やお墓の希望などはもちろん、病気の告知や延命治療といった問題も書き込むことができる。

「お父さんはどうしてほしい？」

「お母さんの希望は何？」。

たとえ子どもであっても、なかなか自分の意思というのは伝わりにくい。本人も迷うだろうが、そばにいる家族や知人はもっと迷い、悩む。そんなときにエンディングノートに本人の意思が書かれていれば、どれだけ周囲は救われることか。葬儀にしても「あの人らしいお葬式をしてあげたい」と思う気持ちが、ノートに希望を書いてもらえるだけで実現できる。確かに自分の死について書くことは勇気のいることだ。しかし、自分の希望を書いておくことが、実は残された人のためだと思えば、書く勇気も湧くのではないか。

またエンディングノートには、もうひとつ大きな役割がある。自分が生きてきた道を振り返る作業でもあるということである。気に入った写真を残す、楽しかった旅の思い出を書く。最後に、愛する人へのメッセージを書き添える。残された人たちは、あなたのその言葉で救われ、あなたを失った悲しみにも耐えていけるのではないだろうか。

二〇〇九年のお盆前、わたしは『思い出ノート』（現代書林）を世に送り出した。それまでのエンディングノートには無味乾燥な内容のものが多いと感じていたので、自分史の要素を加えてみた。バインダー方式で書き込みやすくしたこともあってなかなか好評で、版を重ねている。二〇一七年、わたしは、さらなるアップデートをめざして、『人生の修活ノート』（現代書林）を上梓。同書の特徴は、実用的な機能もさることながら、「いかに死生観を涵養していくか」という視点で構成されている点にある。

「書く」ことを目的とするエンディングノートは数多くあるが、「読む」ことで死生観を育んでいけるような内容を心がけた。

（二〇一七年三月）

死が悲しくない時代がやってきた

二〇一八年春から、上智大学グリーフケア研究所の客員教授に就任した。

グリーフケアは広く「心のケア」に位置づけられているが、「心のケア」という言葉が一般的に使われるようになったのは、阪神・淡路大震災以降だそうだ。被災した方々、大切な人を亡くした人々の精神的なダメージが大きな社会問題となり、その苦しみをケアすることの大切さが訴えられるようになった。

葬祭業界においても、グリーフケアの重要性は高まってゆく一方である。わたしは、葬祭スタッフがグリーフケアを実践することによって、日本人の自殺やうつ病患者の数を減らせるとさえ考えている。

わたしは、これまで多くのグリーフケアに関する本を書いてきたが、代表作といえるのが二〇〇八年に上梓した『愛する人を亡くした人へ』（現代書林）だ。同書は多くの方々に読まれたが、わたしはアメリカのグリーフケア・カウンセラーであるE・A・グロルマンの言葉をアレンジして、「親を亡くした人は、過去を失う。配偶者を亡くした人は、現在を失う。子を亡くした人は、未来を失う。恋人・友人・知人を亡くした人は、自分の一部を失う」という言葉を紹介した。この言葉に、上智大学グリーフケア研究所の前所長である髙木氏は、「親がどうとか、配偶者がどうとかは関係ありません。誰が亡くなっても悲しいものですよ」と指摘された。死別の悲しみに種類も差も存在しないというのだ。

ちなみにカトリックの特徴として、家族主義の否定がある。家族を超えた広い隣人愛を志向しているのだ。髙木氏は、自ら阪神・淡路大震災、JR西日本の脱線事故、そして東日本大震災で深い悲しみを背負った方々の心のケアに取り組まれてきた日本のグリーフケアの第一人者だ。わたしは「誰が亡くなっても悲しい」という髙木先生の、カトリックの深い信仰心からのお言葉に深い感銘を受けた。

その一方で、「誰が亡くなっても悲しくない」という時代の訪れも感じる。直葬に代表される葬儀の簡略化が進んでいる。その流れの中で、年老いた親の死を隠す人が多くなっている。家族が亡くなっても縁者に知らせない、「愛」のない時代となった。髙木先生のお考えに賛同しながらも、多くの日本人にとって「誰が亡くなっても悲しくない」という時代が訪れつつあることも感じる自分がいる。結局は「愛」の問題かもしれない。誰かが死んで悲しくないのは、その人への愛がないからだと思う。世の中には肉親の葬儀さえ行わない人もいるが、おそらく、そこには愛がないのだろう。

（二〇一八年七月）

死ぬまでにやっておきたい50のこと

『死ぬまでにやっておきたい50のこと』（イースト・プレス）が二〇一六年三月に刊行された。「人生の後半を後悔しないライフプランのつくり方」というサブタイトルがついている。死の直前、人は必ず「なぜ、あれをやっておかなかったのか」と後悔する。さまざまな方々の葬儀のお世話をさせていただくたびに耳にする故人や遺族の後悔の念についてのエピソードを共有していけば、すべての人々の人生が、もっと充実したものになるのではと考えた。

わたしが経営する冠婚葬祭会社は、これまで多くの方々の葬儀のお世話をさせていただいてきた。そして、わたしは「終活」や死生観に関する本を何十冊も執筆してきた。いろいろな方の最期に立ち会い、「生」と「死」に関する古今東西の文献をひもとき、書きとめてきた経験を踏まえ、後悔のない人生を生き、そして「最期の瞬間を清々《すがすが》しく迎えるためのヒント」をご紹介したいと考え、同書を上梓することにしたのである。

わたしの場合、たしかにいろいろやっておきたいことはある。

50では足りないかもしれない。でも、それらはあくまでも「わたし個人がやりたいこと」でしかない。たとえば、わたしは映画や格闘技が大好きなので、やりたいことには、それらに関するものが多くなる。でも、そんな、ごく私的な希望を挙げたとしても、果たしてどれだけの共感を得られるか……。

同書では、抽象論に陥るのも避けたいので、できるだけ実例を交えながら語った。

その結果として選び抜かれた「最期の瞬間を清々しく迎えるための50のヒント」は以下の通りだ。

01 「第二のライフプラン」を考える
02 何かを犠牲にしてでも好きなことをやり続ける
03 「人生の50のリスト」をつくる
04 人生に「締め切り」を設定する
05 「いつ死んでもいい」という覚悟を持つ
06 残りの人生を「日単位」で考える
07 年齢を意識せず新しい趣味をつくる
08 成功した同級生をライバルと考える

09 学校に再入学する
10 「書斎」を持つ
11 過去に読んだ名著を読み返す
12 「こころの世界遺産」といえる本を読破する
13 地理や歴史を学んでから旅行する
14 観劇や展覧会ではガイドを聞く
15 テレビドラマを人生に重ね合わせて観る
16 目的意識を持って写真を撮る
17 「はひふへほの法則」（足るを知る）を実践する
18 価値観の合う仲間に出会う
19 趣味は人を楽しませるためにやる
20 自分は「高齢者のなかでは若手」と考える
21 自分だけの「新しい哲学」を持つ
22 年齢差を障害と考えない
23 ロマンを感じる場所に行く
24 自然の絶景に触れて「自分の小ささ」を知る

25 スポーツ観戦で「強い人間」の迫力に触れる
26 新しい飲食店を開拓する
27 「安倍総理が食べたカツカレー」を食べる
28 洋服は「量より質」で選ぶ
29 何歳になっても恋をし続ける
30 「もういいか」をやめる
31 「恥ずかしい」とは考えない
32 モノに執着しない
33 好きなことを成功するまでやり続ける
34 「死に際」にお金を惜しまない
35 「お遍路さん」で日本の心に触れる
36 お墓参りをして「支えられていること」に感謝する
37 先に亡くなった大切な人に手紙を書く
38 個人的成功より社会的貢献をアピールする
39 「伊勢神宮」の荘厳さに触れる
40 「ありがとう」を口ぐせにする

41 お世話になった人に会いに行く
42 子や孫と料理をつくる
43 欧米の大富豪にならって「寄付」をする
44 自分の葬儀に誰が来ているかを想像する
45 家族に迷惑をかける
46 年を取ることは「神に近づくこと」と考える
47 「長寿祝い」を盛大に行う
48 生前に自分の葬儀の計画を立てる
49 「自然葬」を選択肢に入れる
50 死とは「宇宙に還ること」と考える

死ぬまでにやっておきたい……。このテーマを聞いて、まず思い出した方がいる。「現代の賢者」こと上智大学名誉教授の渡部昇一先生だ。渡部先生は同書に「死への恐怖から解放される最善の法は『生』を知り、幸福な晩年をイメージすること。一条さんの『死生観』は『教養』そのものだ」という推薦文を寄せていただき、心より感謝している。

二〇一四年、長年の願いがかない、私淑する渡部先生との対談本『永遠の知的生活』（実業之日本社）を出版することができた。「余生を豊かに生きるヒント」というサブタイトルがついている。先生のお話は本当にわたしの今後の人生を豊かにしてくれるものばかりだった。対談で書斎の話題になったとき、渡部先生は次のようにおっしゃった。

「書斎の新築を考えたのが、実は一五年くらい前のことです。年齢的には六五歳の頃ですね。わたしのイメージした書斎は、一五万冊が収容できるものです。都内にこれだけのスペースを作るとなると、それなりの費用がかかります。若干の蓄えはありましたが、やはり借金をしないと実現しません。六五歳を超えて、蓄えを吐き出し、さらには借金までする。常識的に考えれば、たかだか書斎を作るのに、そんなことをする必要はない、と思われると思います」

「他人というか、家族もそうかもしれませんが、『たかが書斎にそんな投資をして』ということです。でも、私にとって楽園というべき書斎の新築は、知的生活のために欠かせないし、九五歳まで生きようと思う人間にとっては譲れないものでした」

「寿命が来て、新築した書斎に1日しかいられなかったとしても、わたしは実行したでしょうね。幸いなことに、そうした不幸は訪れず、今、書斎で最高の時間を過ごしています」

渡部先生は九五歳まで現役で頑張られるという。五〇歳を超えたわたしなど、やっと半分にさしかかったばかりだ。最後に、わたしもいつの日か渡部先生のように、心から満足できるような書斎をつくりたいと思っている。（この原稿を書き上げた直後、渡部先生は八六歳でお亡くなりになられました。心よりご冥福をお祈りいたします）

（二〇一七年四月）

古代エジプト人の「死の文化」に学ぶ

二〇一七年、クフ王の大ピラミッドから隠し部屋と思われる巨大空間が発見され、古代エジプトが熱い注目を浴びている。そんな中、とても興味深い本を読んだ。『古代エジプト　死者からの声』大城道則著(河出書房新社)がそれだ。「ナイルに培われたその死生観」というサブタイトルがついている。著者の大城氏は一九六八年兵庫県生まれ。英国バーミンガム大学大学院古代史・考古学科エジプト学を専攻し、修了。現在は駒澤大学文学部の教授で、専攻は古代エジプト史だ。著書に『ピラミッド以前の古代エジプト文明』『ピラミッドへの道』『古代エジプト文明』などがある。

古代エジプトといえば、ミイラ、ピラミッド、極彩色に彩られた壁画や巨大な石造りの神殿など、そこにはどこまでも「死」のイメージがついてまわる。かくも、古代エジプトでは大いなる「死の文化」が栄えていた。

万人に必ず訪れる「死」を古代エジプト人たちはどのように考え、どのように受け入れていたのだろうか。同じ多神教の国である日本をはじめとするほかの文化・文明との比較によって、大城氏は古代エジプトの死生観・来世観の独創性を浮かび上がらせている。

最も興味深かったのは、古代エジプトには「死者への手紙」という風習があったことだ。同書の「プロローグ」には、「古代エジプト人たちの感覚として、この世で生きている者とあの世で生きている者（死した人物）との間には障壁はなかったのだ。手紙のやり取りさえできたのである。このようないわゆる『死者への手紙』と呼ばれる遺物は、古代エジプト人たちの墓から出土し、現時点で十数例が知られている」と書かれている。

この死者へ手紙を送るという古代エジプト人たちの行為は、なんと千数百年にわたってエジプトの伝統として継続されたそうだ。古代エジプト人たちは、この世だけでなくあの世でも生きたのだ。

また、同書の「あとがき」では、古代エジプト人たちにとって「死」は「終わり」ではなく、この世でできなかったことはあの世でやれば良いと考えていたと述べられている。彼らの素晴らしい感性こそが、愛する者を失った悲しみを最大限軽減する機能を果たしたと、著者の大城氏は指摘した上で、さらに「それでもやはり古代エジプト人たちは墓を造った。彼らは墓を造ることに何らかの意味を見出していたのだ。古代エジプト人のみならず、我々現代人も大部分の人々がやはり墓を造る（水葬や空葬など墓を必要としない葬送方法もあるが）。なぜ人は墓を造り、そこに埋葬されることを願うのであろうか。

遺体を人的・自然的破壊から守るという意味がまず想定されるが、墓の存在自体が目立ってしまえば、それが逆効果であることは、エジプトの王家の谷や日本の古墳の盗掘状況からも明らかである。では、『目立つ』ということ自体に本来の意味があったとは考えられないであろうか。墓を造ることは、自らを『記憶』として残す行為でもあったのだ」と述べている。そして、大城氏は死者の「記憶」について次のように述べるのである。

「悲しいことではあるが、人の『死』というのは、故人を記憶している人がひとりもいなくなったときに完成するものなのである。それゆえ古代エジプト人たちは故人を忘れないために、子孫や知人たちが参る対象＝『場』として墓を造ったのである。人々は故人のお墓の前に花を捧げ、食べ物や酒を献上し、来世での安定した生活を願ったのである。しかし、いつの日か親族は墓の存在を忘れるであろうし、親族そのものが絶えてしまうかもしれない。だからこそ王族や貴族など権力のある人物は、滅びることのない巨大で頑丈な墓を造ったのである。たとえ自分のことを記憶している親類縁者が途絶えたとしても、村の人々、都市の人々、そして国の人々に忘れられないような工夫を施したのだ。具体的には、それは入り口両脇に墓主の自伝を彫り込んだ墓であり、王の場合は巨大なピラミッドや葬祭神殿であったのである。古代エジプト人たちは、他者の記憶に残ることで自らを永遠の存在にしようと考えたのである。古代エジプト人たちの死生観とは、あの世へと去り逝く自分自身を時間の流れのなかに記憶させ、可能な限りそれを留めることであったのだ」

故人を記憶している人がひとりもいなくなったときに「死」が完成するものならば、お墓とは「人が死なない」ための記憶装置であると言える。つまり、お墓とは「死の建築物」ではなく「不死の建築物」なのだ。古代エジプトのさまざまな葬礼文化は「人が死なない」ためのテクノロジーの体系だったのである。

拙著『唯葬論』（三五館、サンガ文庫）にも書いたように、わたしは葬儀とは人類の存在基盤であると思っている。約七万年前に死者を埋葬したとされるネアンデルタール人たちは「他界」の観念を知っていたとされる。世界各地の埋葬が行われた遺跡からは、さまざまな事実が明らかになっている。「人類の歴史は墓場から始まった」という言葉を聴いたことがあるが、たしかに埋葬という行為には人類の本質が隠されていると言えるだろう。

それは、古代のピラミッドや古墳を見てもよく理解できる。わたしは人類の文明も文化も、その発展の根底には「死者への想い」があったと考えている。その意味で、古代エジプトこそ人類史上最大の「唯葬論」社会であったと言えるのではないだろうか。

空前の多死社会を迎える現代日本人にとって、死者と生者が幸福なコミュニケーションを築いた古代エジプトから学ぶことは多いはずだ。

（二〇一七年六月）

第6章

「供養心」の源泉

「経典」「古典」そして「映画」などの文化的作品に、
供養心の源泉を探してみた。

平成中村座にみる歌舞伎の「孝」の精神

小倉城の天守閣再建六〇周年を彩る記念事業にして、博多座二〇周年特別公演である歌舞伎の「平成中村座小倉城公演」を鑑賞した。まるで、江戸の芝居小屋にタイムトリップしたような時空を超えるエンターテインメントを堪能できた。

広告代理店の新入社員だった頃、わたしは歌舞伎座一〇〇周年記念イベントの仕事をしたことがある。連日、歌舞伎について勉強し、鑑賞するうちに、その魅力にすっかり取りつかれたのだが、最近は歌舞伎から遠ざかっており、今回は久々の鑑賞だった。

平成中村座は歌舞伎役者の十八世中村勘三郎(初演時は五代目中村勘九郎)と演出家の串田和美らが中心となって誕生したが、座主の十八世勘三郎が二〇一二年一二月に亡くなったため、二〇一三年は公演を行わなかった。

しかし、勘三郎の遺志を継いだ長男の六代目中村勘九郎が座主を引き継ぎ、二〇一四年に実弟の二代目中村七之助、二代目中村獅童とともに米ニューヨークで平成中村座復活公演を行い、見事成功させた。二人の息子たちが志を継いでくれた十八世勘三郎は本当に幸せな人だと思う。また、父の遺志を継いだ二人の息子たちも立派だ。

もともと、わたしは歌舞伎とは「孝」の芸術であると思っている。現在生きているわたしたちは、自らの生命の糸をたぐっていくと、はるかな過去にも、はるかな未来にも、祖先も子孫も含め、みなと一緒に、ともに生きていることになる。

わたしたちは個体としての生物ではなく一つの連続する生命として、過去も現在も未来も、一緒に生きるわけだ。これが儒教のいう「孝」であり、それは「生命の連続」を自覚するということになる。「孝」という画期的なコンセプトを唱えた孔子は、「人間が死なない方法」を考え出したのかもしれない。

「孝」という死生観は、明らかに生命科学におけるＤＮＡに通じていると言えるだろう。

中国哲学者で儒教研究の第一人者である加地伸行氏によれば、「遺体」とは「死体」という意味ではないという。人間の死んだ体ではなく、文字通り「遺《のこ》した体」というのが、「遺体」の本当の意味になる。つまり遺体とは、故人がこの世に遺していった身体、すなわち「子」なのだ。ということは、これを読まれているあなたは、あなたの祖先の遺体であり、ご両親の遺体ということになる。

わたしは「孝」の神髄を歌舞伎に見た思いがした。まさにそのとき、平成中村座の舞台には、十八世中村勘三郎の遺体が二体並んでいたのである。

（二〇一九年一二月）

「遺体」と「死体」の違い

二〇一七年七月七日の「七夕」の日、わたしは大阪で、心から尊敬する師と対談させていただく機会に恵まれた。師のお名前は、加地伸行先生。加地先生は一九三六年、大阪生まれ。京都大学文学部卒業。専攻は中国哲学史。大阪大学名誉教授。わが国における儒教研究の第一人者である。

加地先生はまた、『論語』とともに儒教の重要経典である『孝経』を訳されたことでも有名だ。日本人の葬儀には儒教の影響が大きいが、その根底には「孝」の思想がある。

「孝」とは何か。あらゆる人には祖先および子孫というものがあるが、祖先とは過去であり、子孫とは未来である。その過去と未来をつなぐ中間に現在があり、現在は現実の親子によって表される。すなわち、親は将来の祖先であり、子は将来の子孫の出発点である。だから、子の親に対する関係は、子孫の祖先に対する関係でもあるのだ。

孔子が開いた儒教は、次の三つのことを人間の「つとめ」として打ち出した。一つ目は、祖先祭祀をすること。仏教でいえば、先祖供養をすることだ。二つ目は、家庭において子が親を愛し、かつ敬うことだ。三つ目は、子孫一族が続くこと。そして、この三つの「つとめ」を合わせたものこそが「孝」なのである。決して、一般にイメージされがちな「親への絶対服従」という意味などではない。

「孝」があれば、人は死なないという。それは、こういうことだ。

死の観念と結びついた「孝」は、次に死を逆転して「生命の連続」という観念を生み出した。亡くなった先祖の供養をすること、つまり祖先祭祀とは、祖先の存在を確認することである。また、祖先があるということは、祖先から自分に至るまで確実に生命が続いてきたということになる。さらには、自分という個体は死によってやむをえず消滅するけれども、もし子孫があれば、自分の生命は生き残っていくことになるのである。

だとすると、現在生きているわたしたちは、自らの生命の糸をたぐっていくと、はるかな過去にも、はるかな未来にも、祖先も子孫も含め、みなと一緒にともに生きていることになる。生物ではなく一つの生命として、過去も現在も未来も、一緒に生きるわけである。

「遺体」とは「死体」という意味ではない。人間の死んだ体ではなく、文字通り「遺《のこ》した体」というのが、「遺体」の本当の意味だ。すなわち遺体とは、自分がこの世に遺していった身体、すなわち「子」であり「孫」であり「子孫」なのである。あなたは、あなたの祖先の遺体であり、ご両親の遺体なのだ。

（二〇二一年八月）

上座部仏教の経典『慈経』を読む

二〇一九年一一月、『慈経　自由訳』(現代書林)を上梓した。

わたしがお経を自由訳した本で、以前は三五館から刊行されていた。しかし、同社が倒産したことにより絶版になっていた。だが「もう一度、刊行してほしい」との声を多くいただき、新たな版元から生まれ変わることになった。訳文に添えられている写真も女性写真家リサ・ヴォートト氏から、沖縄在住の写真家である安田淳夫氏の作品に交代した。

『慈経』(メッタ・スッタ)は、仏教の開祖であるブッダの本心が最もシンプルに、そしてダイレクトに語られている、最古にして、最も重要なお経のひとつである。大乗仏教における『般若心経』にも比肩する。

上座部仏教はかつて、「小乗仏教」などと蔑称された時期があった。しかし、上座部仏教の僧侶たちはブッダの教えを忠実に守り、厳しい修行に明け暮れるとともに、『慈経』に代表される古い教典を多く今日に伝えてきたのである。

原題の「メッタ・スッタ」の「メッタ」とは、怒りのない状態を示し、つまるところ「慈しみ」という意味になる。「スッタ」とは、「たていと」「経」を表す。ブッダは八月の満月の夜にこの『慈経』を説いたと伝えられている。満月は、満たされた心のシンボルなのである。

生命のつながりを洞察したブッダは、人間が浄《きよ》らかな高い心を得るために、すべての生命の安楽を念じる「慈しみ」の心を最重視した。そして、すべての人にある「慈しみ」の心を育てるために『慈経』のメッセージを残した。

『慈経』はもともと詩として詠まれていた。単に書物として読まれるものではなく、吟詠されたものだったのだ。わたしも、なるべく吟詠するように、千回近くも音読して味わい、自由訳に臨んだ。自らの人生をかけて、魂をこめて、『慈経』のメッセージをわかりやすい言葉に直したつもりだ。

『慈経』の教えは、老いゆく者、死にゆく者、そして不安をかかえたすべての者に、心の平安を与えてくれる。多種多様かつ多くの悩みを抱くこれからの日本人にとって一番必要なお経が『慈経』であると確信している。

最も興味深いのは、上座部仏教が盛んな諸国では、ブッダが『慈経』を説いたのは先述のとおり八月の満月の日であるとされていることだ。わたしは以前から満月に格別の感情を抱いている。いつか北九州市の門司港にある日本で唯一のミャンマー式寺院である「世界平和パゴダ」で満月の夜の行事を盛大に行いたいと思っている。

（二〇二〇年二月）

死の本質を説く『般若心経』

二〇一七年六月、『般若心経　自由訳』（現代書林）を上梓した。

仏教には啓典や根本経典のようなものは存在しないとされるが、あえていえば、『般若心経』が「経典の中の経典」と表現されることが多い。

「経」という漢字には「タテイト、動かないもの、不変の真理」といった意味がある。仏教の経典はインドまたは西域の国語から漢文に翻訳された。この場合には「スートラ」というインド語に「経」という漢字を当てはめた。

『般若心経』は、英語では「ハート・スートラ」という。それは、何よりも大乗仏教の経典である。代表的な大乗経典としては『般若経』『華厳経』『維摩経』『勝鬘《しょうまん》経』『法華経』『浄土三部経』などがあるが、同じ大乗経典といっても内容はさまざまである。起源も異なり、思想的に矛盾することさえもある。大乗経典の中のあるものは、大乗側の人々が「小乗経典」と呼ぶもの、すなわち上座部仏教の経典と同じくきわめて古い時代の思想内容を持つ。

ただし資料としては古くても、大乗経典のほうが形をなすのは遅れた。上座部派の人々が教団の権威を樹立するために早くから聖典の確立に努力した一方で、大乗側の人々はこの点に関して自由な考えを持っていたからだ。

『西遊記』で知られる唐の僧・玄奘三蔵は天竺（インド）から持ち帰った膨大な『大般若経』を翻訳し、二六二字に集約して『般若心経』を完成させた。そこで説かれた「空《くう》」の思想は中国仏教思想、特に禅宗教学の形成に大きな影響を与え、東アジア全域にも広まった。

日本に伝えられたのは八世紀、奈良時代のことである。遣唐使に同行した僧が持ち帰ったという。以来、一二〇〇年以上の歳月が流れ、日本における最も有名な経典となった。特に、遣唐使に参加した弘法大師空海は、その真の意味を理解したとされる。

空海は、「空」を「海」、「色」を「波」にたとえて説いた『般若心経秘鍵《ひけん》』を著している。わたしの自由訳のベースは、この空海の解釈にあることをここに告白しておきたい。

ダライ・ラマ一四世は『般若心経』について、ことあるごとに「日本では、この経典は亡くなった人のために葬儀の際よく朗唱されます」と述べている。すべての日本仏教の宗派の葬儀で『般若心経』が読誦されているわけではないが、曹洞宗や真言宗などでは読誦されている。考えてみれば、一般の日本人にとっては、お経の存在自体が、宗派を超えて葬儀を連想させるものとなっている。そのダライ・ラマ法王の言葉に触れたとき、わたしは『般若心経』を自分なりの解釈で自由訳してみようと思ったのである。

二〇一七年四月八日、ブッダの誕生日である「花祭り」の日に、わたしは『般若心経　自由訳』を完成させた。その後、わたしは中国の西安を訪れた。西安は、かつて「長安」の名で唐の都として栄えたことで知られる。ここにある大雁塔は、玄奘が天竺から持ち帰った経典や仏像などを保存するために、高宗に申し出て建立した塔だ。大雁塔を訪れたわたしは、玄奘の像に『般若心経』を自由訳した報告をした。

続いて、青龍寺を訪れた。ここは、弘法大師空海ゆかりの寺として知られる。四国八十八箇所の「0番札所」としても有名で、お遍路さんがよく訪れる。『般若心経』を自由訳するにあたり、わたしは空海の『般若心経秘鍵』をベースにしたので、空海記念碑に向かって自由訳の報告をした。玄奘と空海の二人に報告を果たすことができ、感無量だった。

これまで、日本人による『般若心経』の解釈の多くには大きな誤解があったように思う。なぜなら、その核心思想である「空」を「無」と同意義にとらえ、本当の意味を理解していないからである。「空」の思想がインドから入ってきたとき、中国人にはそれが理解できず、老荘思想の「無」と同一視したようだが、わたしは「空」とは「永遠」のことだと考える。「0」も「∞（無限）」もともに古代インドで生まれたコンセプトだが、「空」は後者を意味した。わたしは、「空」とは実在世界であり、あの世であると考え、「色」とは仮想世界であり、この世であると考えている。ブッダが最初に説いた上座部仏教の根本経典をわたしなりに解釈した『慈経　自由訳』（現代書林）と併せてお読みいただきたいと思う。

最後に出てくる「羯諦羯諦（ぎゃあてい　ぎゃあてい）」が『般若心経』の最大の謎であり、核心であるといわれている。古来、この言葉の意味についてさまざまな解釈がなされてきたが、わたしは言葉の意味はなく、音としての呪文であると思った。そして、「ぎゃあてい　ぎゃあてい」という古代インド語の響きは日本語の「おぎゃー　おぎゃー」、すなわち赤ん坊の泣き声であるということに気づいたのである。人は、母の胎内からこの世に出てくるとき、「おぎゃあ、おぎゃあ」と言いながら生まれてくる。「はあらあぎゃあてい　はらそうぎゃあてい　ぼうじいそわか」という呪文は「おぎゃあ、おぎゃあ」と同じこと。すなわち、亡くなった人は赤ん坊と同じく、母なる世界に帰ってゆくのである。

「あの世」とは母の胎内にほかならない。だから、死を怖れることなどないのだ。死別の悲しみに泣き暮らすこともない。「この世」を去った者は、温かく優しい母なる「あの世」へ往くのだから。


（二〇一七年九月）

『おみおくりの作法』

感動のラストシーンで話題のイギリス・イタリア合作映画『おみおくりの作法』を観た。

たった一人で亡くなった人の葬儀を行う仕事。その記事を新聞で読んだパゾリーニ監督は、そこに普遍的なものを感じたという。それは人間の孤独、死、人と人のつながりなどだった。地方公務員であるジョン・メイは、民生係として、ひたすら孤独死で亡くなった人を弔い続ける。事務的に処理することもできる仕事を、彼は誠意をもって行う。

この映画の最大のテーマは「葬儀とはいったい誰のものなのか」という問いだ。死者のためか、残された者のためか。ジョン・メイの上司は「死者の想いなどというものはないのだから、葬儀は残されたものが悲しみを癒すためのもの」と断言する。わたしは、葬儀とは死者のためのものであり、同時に残された人のためのものであると思う。

たとえ愛する人が死者となっても、残された人との結びつきが消えることはない。

その問題について深く考えた人物が、ドイツの神秘哲学者ルドルフ・シュタイナーだ。

彼は死者と生者との関係は密接であり、それをいい加減にするということは、この世に生きることの意味をも否定することになりかねないと訴えた。

葬儀を行う上で、まず、わたしたちは死者が存在するということを認める必要がある。ところが、仏教の僧侶でさえ、死者というのは、心の中にしか存在していないという人が多いようだ。そういう僧侶は、人が亡くなってお経をあげるのは、この世に残された人間の心のために供養しているのだという。もし、そういう意味でお経をあげているのなら、死者と結びつきを持とうと思っても、当人が死者などいないと思っているわけだから、結びつきの持ちようがない。しかし、死んでも、人間は死者として生きている。

葬儀をテーマにした映画といえば、誰しもアカデミー賞外国語映画賞を受賞した日本の『おくりびと』を思い浮かべるだろう。わたしは、この『おみおくりの作法』と『おくりびと』は葬儀の真の意味を考える上で相互補完する内容であると思った。すなわち、死者にとっての葬儀を描いたのが『おみおくりの作法』であり、残された人にとっての葬儀を描いたのが『おくりびと』ではないだろうか。現代の日本では「参列者のいない葬儀を行う意味などあるのか」「そもそも葬式は何のためにやるのか」、ひいては「葬式は、要らない」などという声も出ている。

しかし、たとえ参列者がいなくとも、死者がいる限り、葬儀とは必要なものなのだ。

（二〇一五年三月）

和を求めて

「和」は日本文化のキーワードである。多くの宰相を指導した陽明学者の安岡正篤によれば、日本の歴史を見ると、日本には断層がないことがわかるという。文化的にも非常に渾然として融和しているという。征服・被征服の関係においてもそうである。諸外国の歴史を見ると、征服者と被征服者との間には越えることのできない壁、断層がいまだにある。しかし日本には、文化と文化の断層というものがない。早い話が、天孫民族と出雲民族とを見てみると、もう非常に早くから融和してしまっているのである。

三輪の大神《おおみわ》神社は大物主命《おおものぬしのかみ》、それから大己貴神《おおなむちのかみ》、少彦名神《すくなひこなのかみ》を祀っているが、前者は出雲族の首領、後者は参謀総長だから、本当なら惨殺されているはずだ。それが完全に調和して、日本民族の酒の神様、救いの神様になっているのである。その他にも『古事記』や『日本書紀』を読むと、日本の古代史は和の歴史そのものであり、日本は大和の国であることがよくわかる。

「和」という言葉を一躍有名にしたのは、かの聖徳太子である。

日本人の宗教感覚には、神道も儒教も仏教も入り込んでいる。よく、「日本教」などとも呼ばれる。それを一種のハイブリッド宗教として見るなら、その宗祖とは孔子でもブッダもなく、やはり聖徳太子の名をあげなければならないだろう。

現在の世界情勢は混乱をきわめている。二〇〇一年の米国同時多発テロ、二〇一五年のパリ同時多発テロの背景には「宗教の衝突」があった。ユダヤ教、キリスト教、イスラム教の三宗教は、その源をひとつとしながらも異なるかたちで発展したが、いずれも他の宗教を認めない一神教である。宗教的寛容性がないから対立し、戦争になってしまう。

一方、八百万の神々をいただく多神教としての神道も、思いやりとしての「仁」を重要視する儒教も、「慈悲」の心を求める仏教も、いずれも他の宗教を認め、共存していける寛容性を持っている。自分だけを絶対視しない。自己を絶対的中心とはしない。根本的に開かれていて寛容であり、他者に対する畏敬の念を持っている。だからこそ、神道も儒教も仏教も、この日本において習合し、または融合したのだろう。

そして、その宗教融合を成し遂げた人物こそ、聖徳太子であった。

十七条憲法や冠位十二階にみられるごとく、太子は偉大な宗教編集者だったのである。

儒教によって社会制度の調停をはかり、仏教によって人心の内的平安を実現する。つまり心の部分を仏教で、社会の部分を儒教で、そして自然と人間の循環調停を神道が担う。三つの宗教がそれぞれ平和分担する「和」の宗教国家構想を説いたのである。室町時代に神道家の吉田兼倶が、仏教は万法の花実、儒教は万法の枝葉、神道は万法の根本とする「根本枝葉花実説」を唱えたが、このルーツも聖徳太子にあった。

十七条憲法の冒頭には「和を以って貴しと為す」と書かれていることは、あまりにも有名である。しかし、日本文化のキーワードである「和」はメイド・イン・ジャパンではない。「和を以って貴しと為す」は聖徳太子のオリジナルではなく、『論語』に由来する。「礼の用は和を貴しと為す」が学而篇にある。「礼のはたらきとしては調和が貴いのである」という意味である。聖徳太子に先んじて孔子がいたわけだ。

聖徳太子の宗教における編集作業は日本人の精神的伝統となり、鎌倉時代に起こった武士道、江戸時代の商人思想である石門心学、そして今日にいたるまで日本人の生活習慣に根づいている冠婚葬祭など、さまざまな形で開花していった。

その冠婚葬祭の中にも神道・儒教・仏教が混ざり合っている。神前結婚式は決して伝統的なものではなく、それどころか、キリスト教式、仏式、人前式などの結婚式のスタイルの中で一番新しいのが神前式である。もちろん古くから、日本人は神道の結婚式を行ってきた。でもそれは、家を守る神の前で、新郎と新婦がともに生きることを誓い、その後で神々を家に迎えて、家族、親戚や近隣の住民と一緒にごちそうを食べて二人を祝福するものだった。昔の結婚式には宗教者が介在せず、神道もキリスト教も関係ない純粋な民間行事であった。しかし、日本における冠婚葬祭の規範であった小笠原流礼法は朱子学すなわち儒学を基本としていた。昔の自宅結婚式の流れは小笠原流が支配していたから、その意味では日本伝統の結婚式のベースは「礼」の宗教である儒教だったとも言える。

結婚式における神前式と同様、多くの日本人は昔から仏式葬儀が行われてきたと思っているようだ。葬儀や法要に仏教が関与するようになったのは仏教伝来以来、早い段階から見ることができる。しかし、仏式葬儀の中には儒式葬儀の儀礼が取り込まれている。

仏壇も、仏教と儒教のミックスである。住居にお壇がある場合、仏教徒なら、朝のご挨拶は、もちろん御本尊に対して行うが、その後で、本尊の下段に並んでいる親族の位牌に対してご挨拶をするはずだ。これは、仏教と儒教とのミックスである。本尊に対して礼拝するのは仏教であり、本尊の下段の位牌に対して礼拝するのは儒教である。そのように仏教と儒教とがミックスされたものが日本の仏壇なのだ。

ブッダが開いた仏教、孔子が開いた儒教は、日本人の「こころ」に大きな影響を与えた。加えて、日本古来の信仰にもとづく神道の存在がある。神儒仏が混ざり合っているところが日本人の「こころ」の最大の特徴であると言えるだろう。

（二〇一六年一月）

大いなる「礼」を描いた映画『海難1890』

二〇一六年の師走のあわただしい中、全国公開中の日本・トルコ合作映画『海難1890』を観た。日本とトルコの長年にわたる友好関係をテーマにしたドラマだ。

一八九〇年(明治二三年)、のちのトルコであるオスマン帝国の親善使節団を乗せた軍艦エルトゥールル号が和歌山県串本町沖で座礁して大破。海に投げ出された乗組員五〇〇人以上が暴風雨で命を落とす悲惨な海難事故だったが、元紀州藩士の医師・田村元貞(内野聖陽)やその助手を務めるハル(忽那汐里)をはじめとした地元住民が懸命の救援活動に乗り出す。

それから九五年後の一九八五年、イラン・イラク戦争中のテヘランに多くの日本人が取り残された。日本政府は危機的状況を理由に在イラン日本人の救出を断念する。そんな中で、トルコ政府は日本人のために救援機を飛ばしてくれたのだった。彼らは九五年前に日本人から受けた恩を忘れていなかったのだ。

一八九〇年の「エルトゥールル号海難事故」と一九八五年の「テヘラン邦人救出劇」と

が善意の鎖でつながっていたことはわたしも知っていたが、今こうやって二つの出来事の詳細を知り、湧き上がる感動を抑えることができなかった。

『海難1890』を観て、わたしは孟子を連想した。孔子の思想を継承し、発展させた孟子は「性善説」で知られ、人間誰しも憐れみの心を持っていると述べた。

孟子は言う。幼い子どもがヨチヨチと井戸に近づいていくのを見かけたとする。誰でもハッとして、井戸に落ちたらかわいそうだと思う。それは別に、子どもを救った縁でその親とお近づきになりたいと思ったためではない。周囲の人にほめてもらうためでもない。また、救わなければ非難されることが怖いためでもない。してみると、かわいそうだと思う心は、人間誰しも備えているものだ。さらに、悪を恥じ憎む心、譲り合いの心、善悪を判断する心も、人間なら誰にも備わっている。

かわいそうだと思う心は「仁」の芽生えである。悪を恥じ憎む心は「義」の芽生えである。譲り合いの心は「礼」の芽生えである。善悪を判断する心は「智」の芽生えである。人間は生まれながら手足を四本持っているように、この四つの心を備えているのだ、と。

この孟子の教えは「四端説《したんせつ》」と呼ばれるが、見たこともない異国の兵士たちの命を救った樫野（串本町）の村民たちの心には「仁」「義」「礼」「智」が備わっていたのである。

また、もうすぐクリスマスだ。この季節にふさわしい物語といえば、何といってもアンデルセンの『マッチ売りの少女』だが、わたしは、この名作も連想した。このあまりにも有名な短い童話には二つのメッセージが込められている。

一つは、「マッチはいかがですか？　マッチを買ってください！」と、幼い少女が必死で懇願していたとき、通りかかった大人はマッチを買ってあげなければならなかったということである。少女の「マッチを買ってください」とは「わたしの命を助けてください」という意味だった。これがアンデルセンの第一のメッセージだと考える。

そして、第二のメッセージは、少女の亡骸を弔ってあげなければならないということだ。行き倒れの遺体を見て見ぬふりをして通りすぎることは人として許されない。死者を弔うことは人として当然だ。このように、「生者の命を助けること」「死者を弔うこと」の二つこそ、国や民族や宗教を超えた人類普遍の「人の道」なのである。

『海難1890』には、その人類普遍の「人の道」が見事に描かれていた。

内野聖陽が熱演した医師・田村の「どこのもんでも、かまん！　助けなあかんのや！」というセリフは『論語』が述べる「義を見てせざるは勇なきなり」ということであり、人間尊重精神としての「礼」そのものでもある。

この映画では、貧しい住民たちが五〇〇体以上の遺体のすべてに棺桶を用意しようとしたり、自分たちの生活に必要な漁の仕事を休んででも遺体の回収に努めたりと、死者に対する「礼」の心に溢れていた。それに深く感謝したエルトゥールル号のムスタファ大尉は住民たちに対して深々とお辞儀をする。彼は、感謝の「礼」を示したのだ。

するとムスタファ大尉のお辞儀を見て、恐縮した住民たちも姿勢を正して返礼をした。この場面をみて、わたしは泣けて仕方がなかった。たとえ、言葉が通じなくとも、敬礼やお辞儀という「かたち」によって「こころ」は通じるということを痛感した。『海難１８９０』ほどに「礼」の素晴らしさを描いた映画をわたしは知らない。

暴力の時代が何度目かの幕を開けた今、すべての日本人、いや全人類にこの映画を観てほしいと思う。人類は無慈悲に他国民や異教徒を殺す愚かな存在でもあるが、一方で、慈悲をもって他国民や異教徒を助ける存在でもある。

さらに言えば、この映画には「完璧な礼」が描かれている。というのも、礼は一方的に示されるだけでは不完全であり、返礼を受けて初めて完成するからだ。だから、日本人が示した「礼」を九五年後にトルコ人が返したことによって、国境を越えた大いなる「礼」が実現したのである。これ以上に偉大なことがあるだろうか。

（二〇一六年一二月）

無縁社会を乗り越える映画『縁』

日本映画『縁《えにし》 The Bride of Izumo』を観た。

佐々木希《のぞみ》をヒロインに迎え、島根県出雲市出身の新鋭、堀内博志が監督を務めた。撮影監督は巨匠クリストファー・ドイル。「神話の国」として日本の原風景を残す出雲市を舞台に、時空を超えた人間同士の不思議なつながりを描いている。

主人公の真紀（佐々木希）は都内大手出版社のウエディング情報誌の編集者だ。翌月に自身の結婚式を執り行う予定だった彼女は、両親のいなかった自分を育ててくれた祖母がこの世を去り、遺品の整理をする。祖母の遺品の中に、桐の箱に残された白無垢とともに束ねた大量の婚姻届があった。「どうして、こんなものを遺したのだろう。おばあちゃんには婚約者がいたのだろうか？」と疑問を感じた真紀は婚約者の和典（平岡祐太）と一緒に、幼少時に暮らした出雲市へと向かう。そして、出雲で人間の「縁」というものの神秘を感じるのだった。

映画のテーマは「縁」だが、まず夫婦の縁について描いていく。そもそも縁があって結婚するわけだが、「浜の真砂《まさご》」という言葉があるように、数十万、数百万人を超える結婚可能な異性のなかからたった一人と結ばれるとは、何たる縁だろうか！

いま、「無縁社会」などと呼ばれている。わたしは冠婚葬祭会社を経営しているが、「縁こそは冠婚葬祭業界のインフラである」と、ことあるごとに言っている。だから、わが社では、各種の儀式の施行をはじめ、最近では地域社会の人々が食事をしながら語り合う「隣人祭り」や「婚活セミナー」などに積極的に取り組み、全社をあげてサポートしている。これらの活動は、すべて「無縁社会」から「有縁社会」へ進路変更する試みだと思う。

わたしたちは一人では生きていけない。誰かと一緒に暮らさなければならない。では、誰とともに暮らすのか。まずは、家族であり、それから隣人である。

考えてみれば、「家族」とは最大の「隣人」かもしれない。現代人はさまざまなストレスで不安な心を抱えて生きている。ちょうど、空中に漂う凧のようなものだ。そして、わたしは凧が最も安定して空に浮かぶためには縦糸と横糸が必要ではないかと思う。

縦糸とは時間軸で自分を支えてくれるもの、すなわち「先祖」だ。この縦糸を「血縁」と呼ぶ。また、横糸とは空間軸から支えてくれる「隣人」だ。この横糸を「地縁」と呼ぶ。この縦横の二本の糸があれば、安定して宙に漂っていられる、すなわち心安らかに生きていられる。これこそ、人間にとっての「幸福」の正体だと思う。

この世にあるすべての物事や現象は、みなそれぞれ孤立したり、単独で存在しているのではない。他と無関係では何も存在できない。すべてはバラバラであるのではなく、緻密な関わり合いをしている。この緻密な関わり合いを「縁」と呼ぶ。そして、縁ある者の集まりを「社会」と呼ぶ。だから、「無縁社会」という言葉は、明らかな表現矛盾なのだ。

「社会」とは最初から「有縁社会」なのだ。そして、この世に張り巡らされている縁は目に見えないが、それを可視化するものこそ冠婚葬祭ではないだろうか。結婚式や葬儀は、その人と縁のある人々が集まって、目に見える儀式だからである。ちなみに、この映画は結婚式がテーマだが、冒頭では名作『おくりびと』を彷彿《ほうふつ》とさせる葬儀のシーンが流れた。

「おくりびと」とは葬祭業に携わる人々を指すことが一般的だが、わたしは冠婚業に携わる人々のことを「むすびびと」と呼んでいる。

映画のラストシーンは、晴れて出雲大社で結婚式を挙げた真紀の白無垢姿だった。それはあまりにも美しく、わたしは「日本人には和が似合う!」と心の底から思った。そして、日本人の結婚式はやはり神前結婚式がふさわしいとも思った。神道は「八百万《やおよろず》の神々」をいただく多神教だ。寛容的であり、平和的だ。神道という平和宗教と、結婚という人間界最高の平和は基本的に相性が良いのではないだろうか。

(二〇一七年二月一日)

家族とは迷惑をかけ合うもの

日本映画『家族はつらいよ』（2016）を観た。『男はつらいよ』シリーズなどをはじめ、長年にわたって「家族」を撮り続けてきた名匠・山田洋次監督による喜劇だ。橋爪功と吉行和子が離婚の危機に瀕する熟年夫婦を演じ、長男夫婦を西村雅彦と夏川結衣、長女夫婦を中嶋朋子と林家正蔵、次男カップルを妻夫木聡と蒼井優が演じている。

結婚五〇年を迎えた夫婦に突如として訪れた離婚の危機と、それを機にため込んできた不満が噴き上げる家族たちの姿をユーモラスに描いている。

この映画、山田監督が二〇一三年につくった『東京家族』とほとんど同じ俳優が同じような役柄を演じていた。小津安二郎監督の名作『東京物語』完成から六〇周年および山田監督の監督生活五〇周年を記念して製作された作品だ。山田監督は悲劇と喜劇の両方の視点から描くことによって「家族」の本質を浮き彫りにしたかったのかもしれない。

わたしは東京・有楽町の映画館で鑑賞したのだが、館内には老夫婦の観客が多かった。それが必ずご主人（おじいさん）のほうがよくしゃべるのだ。つぶやきといったレベルではなく、けっこう大きな声でしゃべるのだ。きっと隣りに座っている奥さん(おばあさん)に聞かせるために声を出しているのだろうが、「なるほどねぇ」とか「役者ってのは、やっぱり演技がうまいねぇ」とか、どうでもいいような下らないことを大きな声で言うのだ。

もしかしたら、自宅でテレビを観ている感覚なのかもしれない。ところが、聞いている奥さんのほうは無言だった。「あなた、静かにしなさいよ」ぐらい言ってくれてもいいのに……。

わたしは、そんな様子を見ながら、「男っていうのは変な行動をする動物だな」と改めて思った。映画そのものが、そんな男がいやになってしまった女から離婚を切り出すという話なのだが、客観的にみて、夫婦の中では圧倒的に夫のほうが非常識な人間が多いように思う。吉行和子が家族の前で切々と訴えた「別れたい理由」については、わたしも含めて、すべての男性に思い当たる節があるのではないだろうか。

わたしの行った映画館には、平気で周囲に迷惑をかけるご主人たちがいた。この人たちは、きっと家でも奥さんに迷惑をかけ続けているのではないかと思う。ある日、奥さんから離婚届を突きつけられるかもしれない。わたしは、この映画を観ながら「迷惑とは何か」ということをずっと考えていた。

現在、「終活」がブームになっている。

「終活」という言葉には明るく前向きなイメージがあるが、わたしは「終活」ブームの背景には「迷惑」というキーワードがあるように思っている。「無縁社会」などと呼ばれる現在、みんな、家族や隣人に迷惑をかけたくないというのだ。

「残された子どもに迷惑をかけたくないから、葬式は直葬でいい」「子孫に迷惑をかけたくないから、お墓はつくらなくていい」「失業した。まったく収入がなく、生活費も尽きた。でも、親に迷惑をかけたくないから、たとえ孤独死しても親元には帰れない」「招待した人に迷惑をかけたくないから、結婚披露宴はやりません」「好意を抱いている人に迷惑をかけたくないから、交際を申し込むのはやめよう」。すべては、「迷惑」をかけたくないがために、人間関係がどんどん希薄化し、社会の無縁化が進んでいるように思える。

結果的に夫婦間、親子間に「ほんとうの意味での話し合い」がなく、かえって多大な迷惑を残された家族にかけてしまうことになる。亡くなった親が葬儀の生前契約、墓地の生前購入などをしたことをわが子に知らせなかったために、本人の死後、さまざまなトラブルも発生しているようだ。みんな、家族間で話し合ったり、相手を説得することが面倒くさいのだろう。その意味で「迷惑」という建前の背景には「面倒」という本音が潜んでいるのではないだろうか。わたしには、そう思えてならない。

そもそも、家族とはお互いに迷惑をかけ合うものではないだろうか。子どもが親の葬式をあげ、子孫が先祖のお墓を守る。当たり前ではないか。そもそも〝つながり〟や〝縁〟というものは、互いに迷惑をかけ合い、それを許し合うものだったはずだ。家族だって隣人だって、みんなそうだった。

家族とは迷惑をかけ合うもの。しかしながら、感謝の「こころ」を忘れてはならない。そして、「こころ」は「ことば」にしたり、「かたち」にしたりする必要がある。「こころ」を「かたち」にする最高の場面こそ、冠婚葬祭である。夫婦の場合であれば、「金婚式」や「銀婚式」だろうか。わたしの両親は三年前に金婚式を、わたしたち夫婦は二年前に銀婚式を迎えた。わたしたちが金婚式を迎えるまでには、あと二三年もある。感謝の気持ちを忘れずに、仲良く暮らしていきたい。

（二〇一七年四月一日）

第7章

あなたのことを忘れない

毎日のように新聞、テレビに流れる訃報。
わたしたちは、その人の人生や最期に、自身の想いを重ね合わせる。

愛があるから死を見られる

歌舞伎俳優の市川海老蔵さんの妻でフリーアナウンサーの小林麻央さんが二〇一七年六月二二日夜、自宅で亡くなられた。三四歳だった。麻央さんが亡くなった翌朝、海老蔵さんはブログを更新し、「人生で一番泣いた日です。」と綴った。麻央さん自身も闘病の様子や心情、家族への思いなどを日々のブログに綴り、多くの読者の共感を呼んでいた。

わたしの妻は毎日、麻央さんのブログを読み、その回復を願っていた。麻央さんの容態などについて、妻からよく話を聞いていたので、わたしも信じられない気持ちでいっぱいである。まだ幼いお子さんをふたり遺して逝かれる心情を思うと、たまらない。

でも、わたしは、麻央さんの人生は決して不幸ではなかったと思えてならない。最後は在宅医療を選択され、愛する家族に囲まれて「そのとき」を迎えられた。麻央さんの生き方は多くの人々に勇気を与えた。これほど「覚悟」を持って生き切った方はなかなかいない。

麻央さんの生き方は、確実に日本人の死生観に影響を与えた。これほど個人の病状を多くの日本人が気遣ったことがあっただろうか。昭和天皇のご闘病以来ではないかと思えるほどだ。みんなが麻央さんの病状を気にし、回復を願っていた。

亡くなる六日前に、その命を振り絞って書かれた「涙」というブログ記事では、涙を流した後に感じる「満たされた愛」について、麻央さんはその愛を誰かに渡したくなると述べておられた。自宅で家族に囲まれた麻央さんは海老蔵さんに「愛してる」と言ってから旅立たれた。麻央さんは、最愛の夫や子どもたちにしっかりと愛を渡した。最期まで勇気をもって死に向き合った麻央さんだったが、その勇気の源は愛する家族の存在だった。

一七世紀のフランスの文学者であるラ・ロシュフーコーは、「太陽と死は直視できない」と言った。確かに、太陽と死は直接見ることができない。でも、間接的なら見ることはできる。サングラスをかければ太陽を見られる。わたしは、死にもサングラスのような存在があると思う。それは「愛」だ。「死」という直視できないものを見るためのサングラスこそ「愛」ではないだろうか。人は心から愛するものがあってはじめて、自らの死を乗り越え、永遠の時間の中で生きることができる。麻央さんも、「家族への愛」というサングラスをかけることによって、自身の死を正面から見つめることができたのだろう。

麻央さんから愛を渡された海老蔵さんも立派だったと思う。最後まで、夫として、父として、役者として、そして男として立派だった。お二人は本当に見事な夫婦だった。

故小林麻央さんのご冥福を心よりお祈りいたします。合掌。

（二〇一七年七月）

ジャニー喜多川さんのグランド・フィナーレ

二〇一九年七月九日、ジャニーズ事務所社長のジャニー喜多川さんが、解離性脳動脈瘤破裂によるくも膜下出血のため、東京都内の病院で死去された。八七歳だった。

ジャニーさんは六月一八日に体調不良を訴え、救急搬送されて入院した。

連日、事務所のタレントが見舞いに駆けつけた。救命措置により容態が安定し、一般病棟に移ることができたため、ようやく面会がかなったそうだ。ジャニーズ事務所の新旧のヒット曲が流れる病室には、年齢の差を超えて多くのタレントたちが集まり、思い出を語り合ったという。危険な状態に陥ったときも、その場にいたタレントたちがジャニーさんに呼びかけ、体をこするたび危機を脱することができたようだ。

ジャニーさんは、僧侶だった父親が布教のために赴いた米国ロサンゼルスで生まれた。

一九五二年、朝鮮戦争で米軍の一員として朝鮮半島に派遣され、除隊後、米大使館軍事顧問団に勤務。一九六二年に最初に発掘したグループ「ジャニーズ」を結成し、ジャニーズ事務所を設立した。当時は男性アイドルへの目が冷たかった時代だったが、歌って踊れる男性アイドルにこだわり続け、フォーリーブス、郷ひろみ、田原俊彦、近藤真彦、シブがき隊、少年隊、光GENJI、SMAP、V6、TOKIO、KinKi Kids、嵐、タッキー&翼、NEWS、King&Prince、Snow Manなどを生み出した。

手がけたアイドルは主なデビュー組だけで四五組、延べ一六六人。派生グループなどを含めるとこれ以上の数になる。ギネスブックにも掲載された「世界一のアイドルメーカー」として、年間売り上げ一〇〇〇億円超といわれるアイドル帝国を築き上げた。

しかし、ジャニーさんはお金や名声にはまったく興味を示さず、男性アイドルのプロデュースのことだけを考え続け、生涯そのスタイルを変えなかったという。

ジャニーさんの葬儀だが、七月一二日、渋谷区内にある事務所所有のビルでマスコミをシャットアウトした「家族葬」が行われ、自らがプロデュースした約一五〇人のタレントたちに見送られた。会場は、ジャニーズJr．の少年たちの稽古場で、祭壇や照明、音響などはタレントたちやスタッフができる限り自らの手で準備したという。

司会はTOKIOの国分太一とV6の井ノ原快彦が行うなど、まさに「手作りの会」で、ミラーボールやスクリーンも用意されたこんな「あの人らしかったね」と言われる葬儀は素敵だと思う。故ジャニー喜多川氏のご冥福をお祈りいたします。合掌。

（二〇一九年八月）

石原慎太郎氏の旅立ち

二〇二二年二月一日、北九州市内の歯科医院の待合室で『三島由紀夫　石原慎太郎　全対話』（中公文庫）を読んでいたら、衝撃的なニュースが入ってきた。石原氏が亡くなられたというニュースで、享年八九だった。その日はフリーペーパーに書いた石原氏の小説『死者との対話』（文藝春秋）の書評コラムの校了日だったこともあり、不思議な縁を感じた。

わたしは、作家・石原慎太郎の熱心な愛読者であった。また、政治家・石原慎太郎を心から応援しており、日本の総理大臣になってほしいと思っていた。わたしの媒酌人で、東急エージェンシー元社長であった故前野徹氏が石原氏と大変親しく、『最後の首相――石原慎太郎が日本を救う日』（扶桑社）という本を書かれたほどだった。

わたしも東急エージェンシーの社員時代に石原氏とは何度もお会いし、言葉を交わしたこともある。死と葬送についての拙著『ロマンティック・デス』（幻冬舎文庫）をお渡ししながら「わたしは石原先生を尊敬しております」と申し上げたところ、「そうかい」と照れ臭そうに笑われた。とてもチャーミングな笑顔であった。

石原氏の葬儀・告別式は二月五日、東京・大田区の自宅で家族葬として営まれ、親族ら約二〇人が参列した。本来なら青山葬儀所クラスで多くの人々に送られるべき方であるのに、コロナ禍中とはいえ、やはり寂しさを禁じ得ない。

出棺後、喪主を務めた長男の伸晃氏が「生前、父・石原慎太郎に賜りましたご厚情に心を込めまして感謝申し上げ、ごあいさつとさせていただきます。本日は誠にありがとうございました」と頭を下げた。一期目の都知事選（一九九九年）の際に撮影されたという遺影を抱えた次男の良純氏は父の顔を見つめ、肩を震わせた。戒名は「海陽院文政慎栄居士」。棺には石原氏の自著『私の海の地図』（世界文化社）も納められた。先祖代々が眠る逗子市の海宝院に納骨されるという。

弟の裕次郎氏は一九八七年に息を引き取ったが、そのとき慎太郎氏は「海とヨットを愛していた男は、海に還してあげたい」と言って、海洋散骨を望んだ。法律では海への散骨は許されないと判断したために一度は断念したが、一九九一年に法務省が「葬送を目的とし節度を守って行う限り、死体遺棄には当たらない」という見解を示したとされることで、稀代の大スターの遺骨は湘南の海へ還ることができた。

本当は、慎太郎氏も海に還りたかったのではないか？

（二〇二二年三月）

その後、二〇二二年四月一八日に、埼玉に本社を置く冠婚葬祭互助会であるセレモニーの志賀司社長からLINEが届いた。志賀社長は、一般社団法人 全国海洋散骨船協会の理事長を務められているが、前日の一七日に石原慎太郎氏が海に散骨されたという共同通信の記事が添付されていた。記事は、「故石原慎太郎さん、海へ散骨」「『愛した湘南に』と遺言」の見出しで、「二月に八九歳で死去した元東京都知事で作家の石原慎太郎さんの海上散骨式が一七日、神奈川県葉山町の名島沖で行われた。慎太郎さんの長男で自民党の石原伸晃元幹事長が共同通信の取材に『父の私への遺言で『骨の一部は愛した湘南の海に戻してくれ』と言われたので、散骨式を執り行った』と明らかにした。伸晃さんによると、散骨式は地元のヨットクラブが主催。伸晃さんのほか、次男でタレントの良純さん、三男で自民党衆院議員の宏高さん、四男で画家の延啓さんらが出席した。海上には、慎太郎さんをしのんでヨット三十数艇が集まった」と書かれていた。

二〇一〇年に上梓した拙著『葬式は必要!』(双葉新書)の第四章「自分らしい葬式をあげるために」には「石原裕次郎の散骨」という項がある。日本で散骨が注目されたのは一九九一年のことだ。石原慎太郎氏が「弟・裕次郎の遺灰を好きな海に」と希望したが、墓埋法で許されないと知って断念し、海上での追悼会に切り換えた。

同じ年には「葬送の自由をすすめる会」が結成され、神奈川県三崎港から一二カイリ離れた相模灘海上で行った。二時間ヨットに乗って一二カイリに到着すると、参列者たちは花輪に遺灰を入れた袋をつないで、それぞれが別れの言葉をかけて、船べりから静かに海へと流した。花の葬列を見送りながら清酒とワインも流し、一分間の黙祷を行って式を終えた。そして下船時に、遺灰を流した地点と日時を記した「自然葬証明書」が手渡された。

海洋散骨は海洋葬とも呼ばれる。自分や遺族の意思で、火葬した後の遺灰を外洋にまく自然葬の一つである。散骨に立ち会う方法が主流だが、事情によりすべてを委託することもでき、ハワイやオーストラリアなど海外での海洋葬が最近は多くなってきた。たいていは一周忌などに家族や親しい知人らと海洋葬が行われる。

「あの世」へと渡るあらゆる旅行手段を仲介し、「魂のターミナル」をめざすサンレーでは、世界各国の海洋葬会社とも業務提携している。二〇〇九年四月、わたしはオーストラリアのレディ・エリオット島での海洋葬に参列した。レディ・エリオット島では、まさにグレートバリアリーフの美しく雄大な海に遺灰が流された。そこで、遺族の方がつぶやいた「これで、世界中どこの海からでも供養ができる」という言葉が非常に印象的だった。

それを聞いたわたしは、「そうか、海は世界中つながっているんだ！」と目から鱗が落ちた思いであった。そもそも、「死」の本質とは「重力からの解放」なので、特定の場所を超越する月面葬や海洋葬は「葬」という営みに最もふさわしい。

生前の石原慎太郎氏に献本し、おそらくは読んでいただけたであろう拙著『ロマンティック・デス〜月を見よ、死を想え』（幻冬舎文庫）にも書いたように、わたしは月を「あの世」に見立てる月面葬を提唱する者だが、その理由のひとつは月が世界中どこからでも見上げることができるからである。そして、地球上にあっても、海もどこからでも見られることに気づいた。月面葬も、海洋葬も、「脱・場所」という意味では同じセレモニーである。

つながっている海に世界中の死者の遺灰がまかれることは、「死は最大の平等である」というわがテーゼにも合致する。拙著『涙は世界で一番小さな海』（三五館）で紹介したが、ドイツ語の「メルヘン」の語源には「小さな海」という意味があるという。大海原から取り出された一滴でありながら、それ自体が小さな海を内包しているのである。神秘哲学者のルドルフ・シュタイナーは著書『メルヘン論』で、「メルヘンには普遍性がある」と述べた。心理学者のカール・ユングはすべての人類の心の底には、共通の「集合的無意識」が存在すると主張した。

拙著『世界をつくった八大聖人』（ＰＨＰ新書）にも書いたように、人類の歴史は四大文明から始まったとされている。すなわち、メソポタミア文明、エジプト文明、インダス文明、黄河文明だ。この四つの巨大文明は、いずれも大河から生まれた。大事なことは、河というものは必ず海に流れ込むということである。さらに大事なことは、地球上の海は最終的にすべてつながっているということだ。チグリス・ユーフラテス河も、ナイル河も、インダス川も、黄河も、いずれは大海に流れ出る。人類も、宗教や民族や国家によって、その心を分断されていても、いつかは河の流れとなって大海で合流するのではないだろうか。

人類には、心の大西洋や、心の太平洋があるのではないだろうか。そして、その大西洋や太平洋の水も究極はつながっているように、人類の心もその奥底でつながっているのではないだろうか。それがユングのいう「集合的無意識」の本質ではないかと、考える。

拙著『永遠葬』(現代書林)にも書いたが、わが社では、海洋葬を推進している。大きく分けて三種類がある。①個人散骨。家族や親族だけで行うもので、チャーター散骨ともいう。②合同散骨。予算を抑え、乗り合わせで行う。③代行散骨。事情により立ち会えない場合、遺族に代わって行う。

さらに、わが社では、日本人の「海」「山」「星」「月」という他界観に対応した「海洋葬」「樹木葬」「天空葬」「月面葬」の四大葬送イノベーションを提唱している。海は永遠であり、山は永遠であり、星は永遠であり、月は永遠である。すなわち、四大葬送イノベーションとは四大「永遠葬」でもある。最後に、生前こよなく愛した葉山の海に還られた故石原慎太郎氏のご冥福を心よりお祈りいたします。合掌。

稲盛和夫氏の「お別れの会」

二〇二二年八月二四日、わたしが心から尊敬する経営者である稲盛和夫氏が、老衰のため、京都市伏見区の自宅で亡くなられた。九〇歳であった。

稲盛氏は一九三二年（昭和七年）年一月、鹿児島市で誕生。鹿児島大学工学部を卒業し、京都の碍子《がいし》メーカーに就職。その後、独立して五九年に京都セラミック（現・京セラ）を設立。セラミックを応用した電子部品を次々と開発して事業を拡大し、一代で世界的な電子部品メーカーに育て、電子産業の発展に貢献した。通信事業分野では規制緩和の先駆けとなり、八五年に第二電電（現・ＫＤＤＩ）の統合を進め、ＮＴＴの独壇場だった通信事業に自由化をもたらした。八四年、紫綬褒章を受章。九五年にワコール創業者の故塚本幸一氏から指名を受け、京都商工会議所会頭に就任。九七年、八幡市の円福寺で得度。九九年には、古都税問題で関係が悪化していた京都市と京都仏教会の和解を仲介するなど京都の発展にも尽くした。これだけでも、素晴らしい人生である。

しかしながら、さらに、稲盛氏は科学技術や文化事業にも力を注ぎ、私財を投じて稲盛財団を設立、数多くのノーベル賞受賞者を輩出する京都賞を創設した。二〇〇四年には京都府精華町に児童福祉施設を建設するなど社会福祉の向上にも努めた。スポーツ分野では京都サンガに出資し、積極的に支援した。若手経営者を育てる「盛和塾」では、後進の指導にも取り組んだ。〇五年に京セラ取締役を退いた後は、中国や欧米をはじめ世界各国との交流に心血を注いだ。中国天津市経済顧問、パラグアイ共和国名誉領事などを務めた。

それだけではない。政界にも大きな影響力を持った。〇九年の総選挙では民主党を応援し、政権交代の立役者となった。民主党政権で行政刷新会議の民間議員に就き、内閣府特別顧問も務めた。そして、一〇年には会社更生法の適用を申請した日航の会長を引き受け、戦後最大規模の企業再生を主導したのである。あまりにも偉大な人生ではないか！

二〇一五年年九月一三日、わたしは稲盛氏に初めてお会いした。

場所は、ホテルオークラ京都。当時、わたしは「京都大学こころの未来研究センター」の連携研究員を務めていたのだが、同センター主催のシンポジウムに参加したのである。冒頭、稲盛氏が祝辞を述べられることになっていた。そして、来場された稲盛氏を同センターの教授であった宗教学者の鎌田東二先生が、シンポジウムの開始前に紹介して下さったのだ。

わたしは、つねづね稲盛和夫氏を尊敬申し上げていた。しかし、実際にお会いするのはこの日が初めてであった。稲盛氏とわたしは二〇一二年に第二回「孔子文化賞」を同時受賞させていただいた。しかしながら、授賞式には弟の稲盛豊実氏（稲盛財団専務理事）が代理で出席され、ご本人とお会いすることは叶わなかった。

それを鎌田先生が「孔子文化賞を同時受賞された一条真也さんをご紹介いたします」と名刺交換の機会を与えて下さったのである。稲盛氏は「おお、あなたが一条さんですか！」とわたしのことをご存知で、非常に感激した。稲盛氏からも丁重にお名刺を頂戴した。

日本経済界最高のリーダーであるにもかかわらず、稲盛氏は腰の低い素晴らしい人格者であった。わたしは、胸いっぱいで「心より尊敬申し上げております。ご著書はすべて拝読させていただきました。今日はご挨拶させていただき、まことに光栄でございます」と言うと、稲盛氏はニッコリと微笑んで下さった。

この日、わたしは憧れの方にお会いできて、本当に感激した。孟子が会うことのなかった孔子に私淑（この言葉の出典は『孟子』である）したように、平田篤胤が会うことのなかった本居宣長に夢の中で弟子入りしたように、わたしも稲盛氏とお会いする機会がないのかと諦めていた。わが夢を叶えて下さった鎌田先生には、心からの感謝を申し上げたい。わたしは私淑する渋沢栄一翁や松下幸之助翁や出光佐三翁にはお会いすることはできなかったが、稲盛和夫翁にはお会いできた。まさに本居宣長が賀茂真淵と運命の邂逅を果たした「松坂の一夜」ならぬ「京都の朝」であった。わたしは、稲盛氏の著書の多くをブログなどで取り上げ、またその名言も紹介させていただいてきた。何よりもその経営理念を学ばせていただき、わが社の経営に当たってきた。稲盛氏の教えにならって、経営は「利他」の心で行うことを心がけている。

稲盛氏は、まさに戦後日本を代表する「哲人経営者」であった。

日本人にいま求められていることは、「人間は何のために生きるのか」という、最も根本的な問いに真正面から向き合い、哲学を確立することであると思う。政治にしても、経営にしても、倫理や道徳を含めた首尾一貫した思想、哲学が必要であることは言うまでもない。しかし、政治家にしても経営者にしても、その大半は哲学を持っていない。そのような中で、「動機善なりや、私心なかりしか」と唱え続けた稲盛氏こそは、経営における倫理・道徳というものを本気で考え、かつ実行している稀有な経営者であった。

二〇二二年一一月二八日の朝、わたしは小倉から京都に向かった。稲盛和夫氏の「お別れの会」に参列するためである。会場は、「国立京都国際会館」だった。京都駅から地下鉄に乗って、約20分後に国際会館駅に到着した。「稲盛和夫　お別れの会　会場入り口↓」

という立て看板があったので、その方向に進むと、国立京都国際会館の偉容が姿を現した。会場に至るまでには、いくつも「撮影禁止」の案内があった。

禁止ということなので、会場の様子は一切撮影できなかったが、故人の名言や人生アルバムを展示したコーナーなどもあった。名言コーナーは、「心を広める」として「勤勉」「熱意」「真摯」「感謝」「反省」「無私」、「経営を伸ばす」として「願望」「進歩」「挑戦」「苦難」「利他」「調和」と大文字で書かれたパネルと故人の写真、そして故人のメッセージが書かれていた。最後は「幸せな人生」というパネルが展示されていた。まるで、『稲盛和夫一日一言』などの名言集のリアル展示会のようであった。

故人の人生アルバムも珍しいもので、本当は撮影させていただきたかった。

しかしながら、美術館の警備員のような方がたくさん立っており、全体的に物々しい雰囲気であった。公益社さんが設営された大きな祭壇には、故人がナイル川のほとりで微笑む写真が遺影として飾られていた。わたしは、その遺影に向かって「これまでお疲れ様でございました。多くの学びを与えていただき、ありがとうございました。微力ながら、稲盛先生から学んだ利他の精神の普及に尽力させていただきます」と心で語りかけ、献花をさせていただいた。会場を出ると、地下鉄で京都駅まで向かったのだが、心には大きな穴が開いたようだった。故稲盛和夫氏のご冥福を心よりお祈りいたします。合掌。

アントニオ猪木さんらしい最期のセレモニー

二〇二二年一〇月一日に七九歳で亡くなられたプロレス界のスーパースター、アントニオ猪木さんの通夜式が都内で営まれた。一四日には告別式が営まれ、三五八人の関係者が参列し、「燃える闘魂」に最後の別れを告げた。関係者によると、新日本プロレスの坂口征二相談役、藤波辰爾、武藤敬司、蝶野正洋、棚橋弘至、オカダ・カズチカ、中邑真輔、高田延彦、藤原喜明、船木誠勝、獣神サンダー・ライガー、小川直也、藤田和之、佐々木健介ら猪木さんの弟子、現役&OBのレスラーに加え、新間寿氏らプロレス関係者が参列したそうである。また、古舘伊知郎アナ、「スポーツ平和党」で猪木さんと一緒に国会議員を務めたプロ野球解説者の江本孟紀氏なども出席したという。

出棺前には猪木さんの弟で喪主の猪木啓介氏が「亡くなる前日に一時間ほど兄貴のそばにいれました。その時に何か伝えるのかなと思いましたが、その力もなかった。口をもごもごしてたので、みなさんにありがとうという言葉を残したかったんだと思います。これまでアントニオ猪木を支えてくださったみなさま、本当にありがとうございます」

と挨拶をされた。

報道された写真には、武藤敬司、蝶野正洋、坂口征二、藤波辰爾、藤原喜明が並んで焼香している姿があり、新日本プロレスの黄金時代を飾った顔ぶれの揃い踏みに、昭和プロレスを愛してやまないわたしの胸は熱くなった。所要で来れなかったのだろうが、できれば、この場に長州力もいてくれれば良かったと思う。

また、写真には、船木誠勝、髙田延彦、古館伊知郎、藤田和之、小川直也が並んで焼香している姿もあった。できれば、前日の通夜式に参列した佐山聡と前田日明もこの場にいてくれれば良かったと思う。じつは最近、佐山&前田&髙田&船木のフォー・ショットが見たくて仕方がない。この四人は、猪木さんが異種格闘技戦で道を拓き、現在はMMA（総合格闘技）として大輪の花を咲かせたジャンルのパイオニア四天王だからである。

告別式に長州、佐山、前田の姿があるとパーフェクトだったが、通夜・告別式ともに坂口征二さんがいたことは本当に良かった。坂口さんは猪木さんの最大の盟友だった。一九七三年四月に日本プロレスから新日本プロレスに移籍。猪木さんとのタッグチームは「黄金コンビ」と呼ばれ、リング内外で長年にわたって団体を支え続けた。

坂口さんは、「いい時も悪い時もあったけどみんな『なにくそ』ってそういう気持ちでやって、それがどうにか続いて今の新日本の五〇年があるだろうからね。東京ドームとかソ連とか北朝鮮とかいろんなことあったけどね。『それは無理でしょう』って話も『猪木さんが言ったらやりましょう』ってやってきたもんね。アリ（モハメド・アリ）戦にしろ、無謀だったかもしれないけど、失敗したにしろ成功したにしろあとあとアントニオ猪木って名前がちゃんと出てくるんだからね」と語っている。

坂口さんは、常に挑戦を続ける猪木さんをサポートし、その足跡はそのまま今日のプロレス界の礎となった。坂口さんがいなければ、間違いなく新日本プロレスは創設から数年以内に崩壊していただろう。坂口さんが移籍したからこそテレビ放送がついて、団体が軌道に乗ったのである。日本プロレスから移籍する際にはジャイアント馬場さんの全日本プロレスからも誘いを受けたという。坂口さんは、「俺は猪木さんを選んだみたいになってしまったけどね。馬場さんにも誘われたし、猪木さんにも誘われたけど、猪木さんと一緒になって五〇年。間違いじゃなかったと思うよね……まあ馬場さんがいないから言えることだけどよ（笑）。新日本もうまくいってるし、今こうしていられることがすべてだよ」と、猪木さんと歩んだ五〇年を誇らしげに語った。離婚した倍賞美津子さんの姿もなく、猪木さんの葬儀は夫人がいなかったが、最高の女房役だった坂口さんが見送ってくれて、猪木さんも嬉しかったことだろう。

猪木さんの葬儀の出棺の際には、新日本の黄金時代を彩ったリングアナの田中ケロ氏が「永遠なれ闘魂！　アントニオ猪木ー!!」とコール。猪木さんの入場テーマ曲『炎のファイター』が流れる中、赤い闘魂タオルを首に巻いた坂口、藤波、棚橋、オカダ、中邑、蝶野、武藤、藤田、小川、船木、柴田勝頼らの現役&OBレスラーたちが棺を運んだという。参列者から「イノキコール」が沸き起こり、不世出の燃える闘魂は荼毘に付された。

わたしは、『炎のファイター』が流れる中で棺が運ばれ、「イノキコール」の中を出棺したというのが本当に良かったと思う。一九八七年に石原裕次郎さんが亡くなったときには、『夜霧よ今夜も有難う』など故人のヒット曲が流れる中で焼香が行われた。一九八九年に美空ひばりさんが亡くなられたときは、故人の代表曲の一つである『川の流れのように』をBGMに出棺。二〇一八年に西城秀樹さんが亡くなられたときは、大ヒット曲『YOUNG　MAN』が流れる中を出棺し、集まったファンが『ブルースカイ・ブルー』を合唱したことが思い出される。みなさん、時代を代表するスーパースターであった。

わたしは、最近の大物芸能人や俳優やスポーツ選手の死去がなぜかリアルタイムで知らされず、「葬儀は近親者のみですでに終えたという」といった報道に接するたびに、強い疑問を抱いていた。どんなジャンルであれ、スターというのはファンあってのもの。ファンに支えられて生活し、輝かしい人生を送ってきたはず。ファンには長年応援してきたスターがこの世を去った日にそれを知り、その日に悲しむ権利がある。その意味で、逝去後にすぐ訃報に接することができた猪木さんは真のスーパースターであった。

さて、猪木さんの通夜の写真を見ると、棺を運ぶ参列者はみんな「闘魂」と書かれた赤いタオルを首にかけていた。もちろん、故人が現役時代に赤の闘魂タオルを愛用していたからだろうが、よく葬儀で見かける「輪袈裟」のようだった。これは故人にとって素晴らしい供養になるだろう。また、前日の通夜式のときにも思ったのだが、祭壇も素晴らしい。花の生け方もそうだが、赤の闘魂タオルをイメージした祭壇は記憶にある猪木さんそのものだと感じた。猪木さんの戒名は「闘覚院機魂寛道居士」だったが、「闘」と「魂」が入っているのが凄い。さらには、遺影をはじめ、飾られている写真も、猪木さんが「1・2・3、ダー！」をしている場面や、宿敵タイガー・ジェット・シンに卍固めを決めている場面など秀逸なものだった。写真とは輝いている瞬間を「封印」するものなのだと感じた。

戒名、祭壇、遺影、赤い闘魂タオル、BGM、出棺、猪木コール……猪木さんの葬儀は、まさに「猪木さんらしい」お別れであった。わたしは、二〇〇七年五月九日に上梓した監修書『「あの人らしかったね」といわれる自分なりのお別れ』（扶桑社）の内容を思い出した。

そこで、わたしは「お葬式は、ひとりの人間にとって、究極の『自己表現』となっていくことでしょう。日本人は人が亡くなると『不幸があった』などといいますが、死なない人はいません。すべての人が最後に不幸になるというのは、絶対におかしいとわたしは思います。『あの人らしかったね』といわれるような素敵な旅立ちのお葬式を実現することはもちろん、ゆたかな発想で新しいお葬式の時代を開き、いつの日か日本人が死を『不幸』と呼ばなくなることを願ってやみません」と書いたのだが、少年時代からずっとファンであり続けた猪木さんの葬儀でそれが見事に実現されたことに、しみじみと感動した。

猪木さんは、日本人の死生観にも大きな影響を与えたと思う。難病の「全身性トランスサイレチンアミロイドーシス」と闘い、その様子を公開することでファンのみならず一般の人々にも元気を届けた。猪木さんは生前、その行動の真意とも言える「死についての考え」を独白していた。亡くなる一〇日前の九月二一日にも、自ら希望して自身のYouTubeチャンネルの収録を行うなど、最期まで積極的に発信を続けた。

じつは病気が悪化する前の二〇一八年末、猪木さんは「東京スポーツ」の取材にその真意を表すような「闘魂流・死についての考え」を独白していたそうである。猪木さんは、大ヒットした日本映画『おくりびと』を引き合いに「これからは『死と向かい合う』っていう、そういうことへのメッセージを送らないといけないと思っています。『おくりびと』って、一時期はやったと思うんだけど、いわば『おくられびと』というね」と、決意表明ともとれる言葉を口にしたという。東スポWEBの記事には、「難病との闘いを公表したことで賛否を呼んだのは事実。だが〝おくられびと〟として世間にメッセージを送ろうとしていた猪木さんにとってはそれこそが狙い通りだったのかもしれない。さらに『死というだけでマイナスイメージになってしまうでしょ。猪木さん、まだまだ頑張ってくださいとかいう人もいる。だけど、そういうことじゃなくて、社会や身近なものに対して何かができればね』と死を目前にするからこそ成し遂げられることがある」と書かれていた。

また同記事には、猪木さんが「こんなことを言うと怒られちゃうけど、戦時中もうちの兄貴は特攻隊で死んでね。だけど、逆に言えばある一つの目的が持てた。今の価値観で見れば『なんでそんな馬鹿な』となる。でも、本人に成り代われば一つの目的をもって死んだというのは、ある意味で意義があったのかなって思ったりしたりもするんです」とその根底にある戦争体験を挙げたことを紹介していた。そして、「『リングの上やブラジルの移民の時代の思い、そしてそのままこうしていろんな各国を飛び回っている中で、社会にいいメッセージを送れればいいなあと考えているところ』という猪木さんは、最期に何を伝えたかったのか」とも書かれている。

猪木さんが、最期に伝えたかったことは何だったのか？

猪木さんは語気を強め、「『元気がなけりゃあ、あの世にも旅立てない』っていうこと。

これが（世間に）送りたい言葉なんですよ。死という言葉のイメージがあまりにもマイナスですから。でも、いずれ誰にも来るじゃん。だから、死というものをどうとらえるか」と記者に語ったそうだ。わたしは、この言葉に大変感動した。わたしは、これまで「死」や「死生観」に関する本を何冊も書いてきたが、これほど凄い言葉はなかなかない。できることなら、拙著『死を乗り越える名言ガイド』（現代書林）に収めたかったと心から思った。

同書の続編を出すときは、必ず猪木さんの「元気がなけりゃあ、あの世にも旅立てない」という名言を紹介したい。

結果的にこの発言の直後から猪木さんは病魔との闘いを続け、体が弱っていくさなかでも「元気」を届け続け、最後は堂々と人生を卒業された。有言実行の人であった。最後の最後まで「燃える闘魂」であった猪木さんを、わたしは心からリスペクトする。

二〇二二年、わたしは、石原慎太郎、稲盛和夫、そしてアントニオ猪木といった、わたしにとっての最大級のヒーローを三人も失った。それぞれ肉親を亡くしたような喪失感をおぼえたが、中でも小学生の頃から大ファンだった猪木さんの死去は本当にショックだった。猪木さんは「死」を悲観視されなかったが、やはりヒーローと別れるのは悲しいものである。そして、その悲しみのために葬儀という儀式がある。

儀式とは「かたち」である。大切な人を亡くした人の「こころ」は、不安定に揺れ動く。「こころ」が動揺していて矛盾を抱えているとき、葬儀のようなきちんとまとまった「かたち」を与えないと、人間の「こころ」はいつまでたっても不安や執着を抱えることになる。

「かたち」には「ちから」があるのだ。「燃える闘魂」は永遠である。

故アントニオ猪木氏のご冥福を心よりお祈りいたします。合掌。

安倍氏の戒名、麻生氏の弔辞

二〇二二年七月一二日、参院選の街頭演説中に銃撃され、六七歳で死去した安倍晋三元首相の葬儀が行われた。場所は、東京・芝公園の増上寺である。

葬儀会場には約二〇〇〇人が参列したほか、多数の人が献花や焼香に訪れたが、安倍元首相の戒名が「紫《し》雲《うん》院《いん》殿《でん》政《せい》誉《よ》清《しょう》浄《じょう》晋《しん》寿《じゅ》大《だい》居《こ》士《じ》」であることに驚いた。わが社の葬祭施設「紫雲閣」と同じ「紫雲」が戒名の最初につけられていたからである。

安倍元首相の戒名については、多くの方々から「最初に紫雲が入っていましたね」と言われた。宗派を超えて、日本仏教における最高の戒名ではないかと思う。

「紫雲」とは人の臨終の際に迎えに来るという仏が乗る紫色の雲のことだ。そういえば、わたしはかつて、先の紫雲閣を国民的作家だった司馬遼太郎の名作『坂の上の雲』にかけて、「坂のぼる上に仰ぐは白い雲　旅の終わりは紫の雲」という歌を詠んだことがある。

「紫雲」は名僧などにつく冠である。法然上人が夕方西の空に紫の雲を見つけ、浄土宗を広める決意をされたことから、縁起の良い言葉とされた。浄土宗、浄土真宗といった浄土教系の言葉だとされているが、安倍元首相の葬儀が行われた「増上寺」は浄土宗の七大本山の一つである。安倍家の宗派は浄土宗で、安倍元首相の父・安倍晋太郎氏、祖父・岸信介氏の葬儀も増上寺で行われた。お墓は、父の晋太郎氏も納められている山口県長門市の「長安寺」になるようだ。わたしも生前の安倍元首相には大変お世話になった人間の一人なので、ぜひ長安寺を訪れて、お墓参りをしたいと思っている。

葬儀では、友人代表として、自民党の麻生太郎副総裁（元首相）が次のように弔辞を捧げた。麻生氏は、冒頭に「安倍先生、今日はどういう言葉を申し上げればよいのか、何も見つけられないまま、この日を迎えてしまいました」と呼びかけ、故人とのさまざまな思い出を語った後、「先生はこれから、（父親の）晋太郎先生の下に旅立たれますが、今まで成し遂げられたことを、胸を張ってご報告をしていただければと思います。そして、（祖父の）岸信介先生も加わられるでしょうが、政治談議に花を咲かせられるのではないかとも思っております。ただ先生と苦楽をともにされて、最後まで一番近くで支えて来られた昭恵夫人、またご親族の皆様もどうかいつまでも温かく見守っていただければと思います。そのことをまた、家族ぐるみのお付き合いをさせていただきました友人の一人として心からお願いを申し上げる次第であります。まだまだ安倍先生に申し上げたいことがたくさんあるのですが、私もそのうちそちらに参りますので、そのときはこれまで以上に冗談を言いながら、楽しく語り合えるのを楽しみにしております。正直申し上げて、私の弔辞を安倍先生に話していただくつもりでした。無念です」と述べた。

失言が多いことで知られる麻生氏だが、この裏表のない真心の言葉は多くの国民の心に響いたことと思う。わたしも、感動した。

ところで、このような残された人の言葉は、亡くなった人に届いているのだろうか。数えきれないほどの葬儀に参列し、その後の遺族の不思議な経験談を聴き、心霊関係の本も少なからず読んだわたしの考えは、「弔辞や故人へのメッセージは必ず届いている」である。そうでなければ、葬儀など行う意味はない。生前親交のあった「霊界の宣伝マン」こと丹波哲郎さんは、「葬儀のとき、亡くなった人は遺影のところに立っているか、棺に腰かけて、自分の葬儀の様子を見ている」と言われていた。

また、医療と心霊科学の第一人者である東京大学名誉教授の矢作直樹さんと対談したときは、「肉体は死んでも、最後まで聴力と臭覚だけは残っている。だから、枕経をあげたり、線香を焚いて、死者を導くのだ」という話をした。当然ながら、弔辞は聴こえているのだ。なお、矢作さんとの対談内容は、『命には続きがある』（ＰＨＰ文庫）に収められている。

ご冥福を心よりお祈りいたします。合掌。

（二〇二二年九月）

安倍元首相の国葬儀について

二〇二二年九月二七日の一四時から、凶弾に倒れた安倍晋三元首相の国葬儀が日本武道館で行われた。国葬儀の式壇には、生前の安倍氏が愛した富士山をかたどり、左右に広くのびた裾野と雪化粧が施された頂が表現された。

また、式壇には安倍氏の遺骨とともに議員バッジ、生前に心血を注いだ北朝鮮による拉致被害者救出を誓うブルーリボンバッジも安置された。式壇の生花は、安倍氏が「常に闘う政治家でありたい」という信念のもと、国家・国民のためであれば、いかなる批判も恐れず行動してきた政治家としての軌跡を表現したという。

安倍氏の遺骨が会場に到着すると同時に自衛隊が一九発の弔砲を発射し、儀仗隊の敬礼で出迎えた。儀仗隊の先導により、葬儀委員長を務める岸田文雄首相、遺骨を抱いた喪主の昭恵夫人が入場。葬儀副委員長を務める松野博一官房長官による「開式の辞」の後、陸自中央音楽隊、海自東京音楽隊、空自航空中央音楽隊が国歌を演奏。参列者は一分間の黙祷を捧げた。この一分間の黙祷の時間でさえも、日本武道館の外では「黙祷中止！」

の声を上げ、鳴り物で音を出し続けて抗議するグループもあった。

いろんな意見があってもいいとは思うが、弔意を表す黙祷や献花を邪魔するような行為があったことは非常に残念であった。彼らが日本人だとしたら、同じ日本人として情けなく感じた。誰でも悲しみを表す権利は尊重されるべきであり、それを妨害したり、弾圧するような行為は絶対に許されない。わたしには『唯葬論』(三五館、サンガ文庫)という著書があるが、その中で、死者を弔う行為は人類の存在基盤であると訴えた。「礼欲」という人間の本能の発露でもある葬儀は、政治・経済・哲学・芸術・宗教など、すべてを超越する。会場の前では共産党の志位和夫委員長や社民党の福島みずほ党首が「国葬反対」の演説をしたそうだが、葬儀を否定できるイデオロギーなど存在しないことは明白である。

安倍元首相の国葬儀にあわせて、東京・千代田区に設けられた一般向けの献花台には一三時の段階で一万人以上が訪れたそうだ。一方、都内各所で反対デモが行われ、国会前では数千人規模になったという。国葬儀に反対するデモは、会場となった日本武道館周辺でも行われ、警備担当の警察官との小競り合いも見られた。警視庁は、混乱が起きないよう警視総監をトップとする最高警備本部を設置して、全体で二万人にのぼる警察官による最高レベルの警備体制を敷いていた。その警備費だけで三四億円だとか。

それにしても、一人の人間の葬儀をめぐって、これほど世論が二分したことが今までにあっただろうか？　島田裕巳氏の『葬式は、要らない』と小生の『葬式は必要！』の二冊が二〇一〇年に出て、葬儀の要・不要論争が起こったが、それ以来の、政治的問題としてはより大きなスケールで「国葬は、要らない」「国葬は必要！」論争が起こったのである。

国葬儀といえども、一人の人間の死を悼むセレモニーとしての葬儀に変わりはないわけで、家族葬、家庭葬、直葬、０葬などなど、葬儀のあり方が問われている現在の日本で国葬をめぐる論争が起こったことは、国民が「葬儀とは何か？」「死者を弔うことの意味は？」という最も本質的な問題について考える良い機会であったと思う。

故人の戦友でもあった菅義偉前首相の弔辞には、心を打つものがあった。

伊藤博文を失った山縣有朋の「かたりあひて　尽くしし人は　先立ちぬ　今より後の世をいかにせむ」という惜別の歌を披露した。菅前総理の万感の思いがこもった弔辞に自然と拍手が沸き起こる。このような場での拍手はきわめて異例だが、それだけ会場の人々の心に響いたのだろう。

わたしは、政治家としての安倍晋三氏を高く評価していた。第二次安倍政権の発足以降の連続在職日数は二八二二日。約七年八カ月に及び、佐藤栄作元首相を抜いて歴代最長だった。憲法改正を悲願としていた。退陣後には自民党安倍派の会長に就任。自民党内にも強い影響力があり、憲法改正や防衛費の増額の実現に意欲を見せていた。安倍氏が亡くなった日のブログの最後に、わたしは「安倍さん、どうか、安らかにお休み下さい。あなたの大いなる志は、きっと後に続く同志たちが果たしてくれることでしょう。故安倍晋三氏のご冥福を心よりお祈りいたします。合掌」と書いた。

しかし、今回の論争で、わたしが「安倍元首相の国葬儀は必要！」と考えていたかというと、少し違う。佐藤栄作元首相のように国民葬か、中曽根康弘元首相のように内閣・自民党葬がふさわしいと思っていた。また、安倍氏本人が国葬儀を希望したわけではないので、ここまで問題を複雑にし、かつ大きくしたのは岸田首相の責任であると考える。

岸田首相は、安倍元首相の国葬儀に関して閣議決定だけでなく、国会での決議を求めるべきだった。国葬儀そのものについてのわたしの考えは、皇室や王室のみに必要な儀式であって、たとえ元首相であっても国葬儀にはすべきではないということである。

今回の「国葬」反対論者、あるいは抗議デモに参加した人々の多くは、旧統一教会問題がうやむやにされていることへの不満もあった。当然である。安倍元首相は、もうこの世にいない。残されたわたしたちにとって最も大切なのは、旧統一教会の問題を決して忘れず、次の選挙では日本のためになる政党や心ある候補者を支持することだ。それが民主主義国家に生きる者としての「人の道」である。

最後に、素晴らしい戒名を得られた故安倍晋三氏に謹んで哀悼の誠《まこと》を捧げさせていただきます。合掌。

一条真也（いちじょう・しんや）

1963年生まれ。早稲田大学政治経済学部卒。作家。九州国際大学客員教授。㈱サンレー代表取締役社長。全国冠婚葬祭互助会連盟元会長。『人生の修め方』（日本経済新聞出版社）、『人生の四季を愛でる』（毎日新聞出版）、『心ゆたかな社会』（現代書林）、『葬式不滅』（オリーブの木）など、著書は100冊以上にのぼる。

供養には意味がある
～日本人が失いつつある大切なもの～
令和5年4月18日　第1刷発行

著　　者　一条真也
発 行 者　皆川豪志
発行・発売　株式会社産経新聞出版
〒100-8077　東京都千代田区大手町1-7-2
産経新聞社8階
電話　03-3242-9930　FAX　03-3243-0573
印刷・製本　サンケイ総合印刷株式会社

ISBN　978-4-86306-167-5　C0039

表紙イラスト　園りんご
デザイン　ユリデザイン